Mündlichkeit

Sprechen trainieren

im Französischunterricht der Sekundarstufe II

Inhaltsverzeichnis

Modul/Thema	Themenfeld	Anknüpfung an Parcours plus	Seite
EINFÜHRUNG			3
MODULE 1 Ça me concerne – Prendre position	Les jeunes; Les médias	En famille (1–5), p. 12; Mes amis et moi (1–2), p. 20; Passions (2), p. 31; Quels médias pour quel usage? (1–3), p. 76; L'Homme et la planète (2), p. 194	4
MODULE 2 Ça me concerne – Discuter	Les jeunes; Les médias	En famille (1–5), p. 12; Mes amis et moi (1–2), p. 20; Passions (2), p. 31; Quels médias pour quel usage? (1–3), p. 76; L'Homme et la planète (2), p. 194	11
MODULE 3 Paris, ville aux mille visages – Analyser et présenter une photo	Paris	Paris – province (2), p. 170	17
MODULE 4 53 ans de relations franco-allemandes – Présenter un événement historique	Les relations franco-allemandes	Les relations franco-allemandes (1–3), p. 110	26
MODULE 5 Regards sur les cuisines – Médiation	La vie quotidienne; Les relations franco-allemandes	Les relations franco-allemandes (3), p. 114	38
MODULE 6 Débat: Faut-il fermer la centrale de Tricastin?	Problèmes de société / d'écologie / de région; La région Provence-Alpes-Côte-d'Azur (PACA)	Une région: La Provence (1–2), p. 179; L'Homme et l'énergie (1), p. 200	49
MODULE 7 Analyser et commenter des chansons	Questions existentielles; Les jeunes	Mes amis et moi (2), p. 22; La société de consommation (4), p. 62	58
GLOSSAR			69

Symbole und Abkürzungen

L = Lehrer/in; Lehrer/innen
S = Schüler/in; Schüler/innen
KV = Kopiervorlage
OHP = Overheadprojektor

Einführung

Die Handreichung „Sprechen trainieren" enthält sieben in der Praxis erprobte **Unterrichtsmodule**, die die Sprechkompetenz der Schüler und Schülerinnen mit Blick auf das mündliche Abitur und mündliche Prüfungen bzw. Klausuren in der Oberstufe gezielt aufbauen und nachhaltig trainieren.

In jedem Modul steht ein anderer für den Unterricht in der Sekundarstufe II bedeutsamer **Sprechakt** bzw. eine andere **Kommunikationssituation** im Mittelpunkt der Unterrichtsarbeit:
- *prendre position* (Modul 1),
- *discuter* (Modul 2),
- *analyser et présenter des photos* (Modul 3),
- *présenter un événement historique* (Modul 4),
- *médiation linguistique* (Modul 5),
- *débat télévisé* (Modul 6),
- *analyser et commenter des chansons* (Modul 7).

Die Module sind in sorgfältig geplanter innerer Progression so aufgebaut, dass alle Schüler und Schülerinnen in die Lage versetzt werden, die jeweilige Kommunikationssituation differenziert und sicher zu bewältigen. **Variantenreiche methodische Zugriffe** ermöglichen eine **systematische Schulung der Sprechkompetenz**, so z. B. die Arbeit mit komplexen, genau auf das Modul abgestimmten Sprechschemata, die gezielte Extraktion von Redemitteln aus Modelltexten oder die Arbeit mit spezifischen Methoden zur Förderung der Sprechkompetenz wie z. B. die *expression simultanée*, das *enrichissement* oder der Omniumkontakt und seine Varianten (*conversation promenade, carrousel*). Ein **methodisches Glossar** (S. 69–71) unterstützt den/die Unterrichtende/n beim professionellen Einsatz dieser und anderer mündlicher Lehr- und Lerntechniken (alle Begriffe des Glossars sind mit einem Sternchen* gekennzeichnet).

Die **Inhalte der Unterrichtsmodule** sind auf die Themen und das Anspruchsniveau des Oberstufenunterrichts abgestimmt. Jedes Modul erschließt den Lernenden einen Aspekt eines Oberstufenthemas, z. B. die kontroverse Diskussion um die Nutzung der Atomkraft in Frankreich anhand eines *débat télévisé* (Themenfelder: *l'écologie, les problèmes de la société, la région PACA*) oder die plakatgestützte Präsentation zentraler Ereignisse der deutsch-französischen Geschichte (Themenfeld: *relations franco-allemandes*). Für den/die Unterrichtende/n ist es deshalb sinnvoll, vor der **Planung einer Unterrichtsreihe** oder der Erstellung eines Dossiers für die Sekundarstufe II zu überlegen, an welcher Stelle die Arbeit mit dem jeweiligen Modul platziert werden kann. Eine Übersicht über alle Themen finden Sie im Inhaltsverzeichnis.

Zu jedem Modul liegt eine **ausführliche Unterrichtsvorbereitung** (*scénario*) vor, die die Arbeit mit den Modulen Schritt für Schritt erläutert. Darin sind außerdem alle Lösungen bzw. Lösungsvorschläge der Aufgaben enthalten.

Alle Arbeitsblätter sind **Kopiervorlagen** (KV). Das angesetzte Niveau ist **B1/B2**. Der lexikalische Ertrag der Arbeit mit den Modulen sollte systematisch gesichert werden, wenn er später zum Beispiel für das Abitur verfügbar sein soll. Dazu empfehlen wir die Methode des Vokabelprotokolls* (s. Artikel im Glossar, S. 71).

Alle Kopiervorlagen stehen auch im Internet als Word-Dateien zur Verfügung und können so ggf. verändert und an den Leistungsstand Ihrer Lerngruppe angepasst werden. Sie finden die KV im Internet unter: **www.cornelsen.de/webcodes**. Geben Sie folgenden Webcode ein: PAR-LER-1

Ça me concerne – Prendre position

> **Thèmes:** Les jeunes; Les médias
> → ***Parcours plus*:** En famille (1–5), p. 12; Mes amis et moi (1–2), p. 20, Passions (2), p. 31; Quels médias pour quel usage? (1–3), p. 76; L'Homme et la planète (2), p. 194

Das Modul steht am Ende einer Unterrichtsreihe zum Thema *Les jeunes*, in deren Rahmen folgende verschiedene Teilthemen erarbeitet wurden:

a) *Internet: avantages et dangers*
b) *Les jeux vidéo*
c) *La mode et les marques*
d) *Ma famille et mes ami(e)s*
e) *La violence au lycée*
f) *Les jeunes et l'écologie*

Das Modul kann auch mit anderen thematischen Schwerpunkten durchgeführt werden. Notwendig ist dann eine Änderung bzw. Ergänzung der Textvorlagen auf der KV 1/2.

Zentrales Ziel des Moduls ist es, die S in die Lage zu versetzen, zu einem kurzen Text (s. KV 1/2) begründet Stellung zu nehmen und sich mit anderen S über die eigene *prise de position* auszutauschen.

Hinweis: Alle KV können Sie im Internet unter **www.cornelsen.de/webcodes** als Word-Datei herunterladen und ggf. dem Leistungsstand Ihrer Lerngruppe anpassen. Geben Sie folgenden Webcode ein: PAR-LER-1

Scénario

A – Préparation individuelle

- Der/Die L erläutert den S Ziel und Ablauf des Moduls.

KV 1/1
- Die notwendigen Redemittel für die Stellungnahme trainieren die S mit Hilfe der KV 1/1.
    - Nachdem unbekannte Ausdrücke geklärt worden sind, liest der/die L zur Sicherung der Aussprache alle Ausdrücke vor und die S sprechen sie chorisch nach.
    - Dann trainiert die Lerngruppe die Verwendung der Ausdrücke, z. B. mit Hilfe einer *expression simultanée**. (Zu den mit einem Sternchen * gekennzeichneten Begriffe finden Sie einen Artikel im Glossar, S. 69–71.)
    - Anhand der Nummerierung und der farblichen Gliederung des Blattes (Grauschattierung vs. weißer Hintergrund) bespricht der/die L mit der Lerngruppe die inhaltliche Struktur der *prise de position*. Der/Die L kann anschließend die einzelnen Schritte an der Tafel notieren.[1]

    Lösungsvorschlag:
    1. *nommer le sujet du texte;* 2. *dégager les aspects qui m'intéressent / me touchent;*
    3. *donner mon avis sur différents aspects du sujet en donnant des exemples;* 4. *parler de l'opinion d'autres personnes sur ce sujet;* 5. *proposer des solutions / donner des conseils;*
    6. *conclure*

KV 1/2
- Jede/r S erhält in zufälliger Verteilung nun einen Text (KV 1/2). Bei der Verteilung der Texte ist darauf zu achten,
    - dass immer jeweils mindestens drei S den gleichen Text bearbeiten und
    - dass maximal fünf verschiedene Texte verteilt werden, da ein Text für die Schlussphase des Moduls benötigt wird.

---

[1] Aus zeitökonomischen Gründen kann diese Analyse auch in deutscher Sprache erfolgen.

- Bevor die S ihre individuelle Stellungnahme vorbereiten, werden folgende Punkte besprochen:
  - Die *prise de position* soll 2–3 Minuten lang sein und mindestens sieben *expressions utiles* der KV 1/1 enthalten.
  - Die S sollen sich entlang des Strukturplans der KV 1/1 (s. o.) Stichworte machen (keine vorformulierten Sätze), mit Hilfe deren sie ihre *prise de position* frei vortragen können.
  - Ein vollständiges *résumé* des Textes ist weder erforderlich noch sinnvoll: Es kommt vielmehr darauf an, dass die S die für sie bedeutenden Aspekte der Texte herausarbeiten und vor dem Hintergrund ihrer persönlichen Erfahrungen bzw. ihres persönlichen Wissens kommentieren.
- Wenn die S die Notizen für ihre *prise de position* angefertigt haben, üben sie den Vortrag leise vor sich hinmurmelnd und kontrollieren dabei auch dessen Länge. Für viele S ist es angenehm, dazu aufzustehen und im Raum (evtl. auch im Gang vor dem Klassenraum) umherzugehen.

B – Travail en tandem: enrichissement

KV 1/1
- Nun wird in PA die Varianz des Ausdrucksspektrums über das Verfahren der Anreicherung (*enrichissement**) gezielt erweitert: Die S bilden Arbeitspaare. Dabei achten sie darauf, dass ihr Arbeitspartner ein anderes Thema hat. Sie tragen sich ihre *prises de position* gegenseitig vor. Der/Die Zuhörende achtet dabei darauf, welche Ausdrücke der KV 1/1 sein/ihr Partner verwendet und kreuzt sie in der rechten Spalte der KV entsprechend an. Anschließend geben sich die S gegenseitig Feedback: *Tu as utilisé les expressions ...*
- Besonders wirkungsvoll ist das Verfahren des *enrichissement**, wenn dieser Arbeitsschritt mit einem anderen Arbeitspartner wiederholt wird, allerdings mit der Vorgabe, dabei mindestens zehn verschiedene Ausdrücke zu verwenden.

C – Travail en groupe: échange

KV 1/3
- Der/Die L verteilt die KV 1/3. Vor Beginn der Gruppenarbeit klärt der/die L das Verständnis der Ausdrücke in den Sprechblasen. Er/Sie trainiert die Aussprache durch chorisches Nachsprechen der S und – bei Bedarf – ihre Anwendung mit Hilfe einer *expression simultanée**.
- Anschließend setzen sich die S in themengleichen Gruppen zusammen und losen einen Sprecher / eine Sprecherin aus (Aufgabe 1). Dann beginnen sie den *échange*: Der/Die Ausgeloste trägt seine Stellungnahme vor. Die Zuhörer machen sich dabei Notizen (Aufgabe 2). Zum Schluss kommentieren die Zuhörer die *prise de position* unter Verwendung der Ausdrücke der KV 1/3 (Aufgabe 3).
- Für einen ertragreichen, inhaltlichen Austausch über die *prise de position*, wird in den meisten Fällen eine Wiederholung des Vortrags und des Kommentierungsprozesses notwendig sein.

D – Échange en plenum (facultatif)

- Eine abschließende Arbeitsphase mit allen S kann die Lernerfolge der S sichern und verstärken und ggf. thematisch gezielt auf eine kommende Leistungsmessung[2] vorbereiten.
- Dazu verteilt der/die L den sechsten, bislang zurückgehaltenen Text (s. Teil A). Wie in Teil A dargestellt, bereiten alle S zu diesem Text eine *prise de position* vor. Ein/e S, vielleicht später noch ein/e Zweite/r, trägt seine/ihre Stellungnahme vor. Anschließend geben die Mitschüler/innen dem/der Sprecher/in Feedback und tauschen sich über die Problematik des Textes aus.

KV 1/1
- Variante: Zwei bis drei S werden beauftragt, während des Vortrags die Verwendung der *expressions utiles* auf der KV 1/1 zu notieren, indem sie dort entsprechend ankreuzen (s. Teil B).

---

1 Wenn der/die L auf die fakultative Schlussphase verzichten möchte, können an dieser Stelle alle sechs Texte verteilt werden.
2 Das Modul ist nicht nur zur Vorbereitung einer mündlichen Leistungsmessung geeignet (vgl. Einleitung), sondern auch zur Vorbereitung einer schriftlichen Klassenarbeit/Schulaufgabe, die von den S eine *prise de position* fordert.

Ça me concerne. Je prends position. – Expressions utiles

Coche les expressions utilisées par ton/ta partenaire.

		✓
1.	Dans ce texte, il est question de …	
	Le sujet du texte, c'est …	
	Le texte traite de …	
2.	L'auteur / ___ dit/écrit que …	
	Ce qui m'intéresse / me touche, c'est …	
	Moi, je trouve étonnant/surprenant/bizarre que … + *subjonctif*	
3.	Je (ne) suis (pas) d'accord avec … parce que …	
	À mon avis, …	
	Moi, je pense/crois/trouve que …	
	D'un côté, …, de l'autre côté, …	
	Je vais te donner un exemple: …	
	Moi, par exemple, …	
	C'est pourquoi … / C'est pour ça que …	
	Je suppose que …	
	J'ai l'impression que …	
4.	Mes amis / Mes parents / Les profs (ne) pensent (pas) comme moi: …	
	Mes amis / Mes parents / Mes professeurs (ne) sont (pas) d'accord avec moi: …	
5.	On doit (vraiment) …	
	On devrait (aussi) …	
	On pourrait peut-être (aussi) …	
	J'espère que …	
	Moi, je propose de + *infinitif* / que …	
6.	Pour conclure, …	
	En résumé, …	

Ça me concerne. Je prends position. – Textes

Document 1: Les jeunes et Internet

Une étude[1] de l'association *Fréquence Écoles* (2010) montre que presque la totalité des jeunes naviguent[2] sur le web (99%) et 44,5% d'entre eux l'utilisent de façon quotidienne[3]. Cependant, l'Internet n'a pas encore supplanté[4] la télévision chez les jeunes. L'usage des deux médias varie selon l'âge. Tandis que[5] les lycéens passent plus de temps sur Internet, les enfants préfèrent la télé; et les collégiens, eux, consomment autant l'un que l'autre. La plupart des jeunes utilisent l'Internet pour regarder des vidéos (91,1%), pour écouter de la musique (90,8%) et pour jouer (82,3%). Mais beaucoup de jeunes l'utilisent aussi pour faire des recherches personnelles (78,1%), pour discuter (74,9%) ou pour faire des recherches scolaires (74,4%). Avec l'âge, les pratiques s'élargissent[6] et deviennent plus complexes. Tandis que les enfants passent leur temps sur Internet à faire des jeux ou à écouter de la musique par exemple, les collégiens l'utilisent aussi pour les discussions en ligne, les mails ou la consultation de blogs. À cela se rajoute la consultation d'actualités et les achats pour les lycéens.

1 l'étude *f.* die Studie – **2 naviguer sur le web** im Internet surfen – **3 de façon quotidienne** täglich – **4 supplanter** verdrängen – **5 tandis que** wohingegen – **6 s'élargir** sich ausweiten

---

Document 2: Ton look parle pour toi

Qu'il soit ultramode, neutre, classique ou loufoque[1], que tu l'aies trouvé ou que tu continues à le chercher, ton look en dit beaucoup sur toi. Ton look est comme une seconde peau qui te permet de montrer qui tu es. Tant que tes parents choisissaient tes vêtements, tout était plus simple. Maintenant tu es décidé à vouloir affirmer ta personnalité[2] et le look est le moyen idéal pour te démarquer[3], pour montrer que tu es d'une «tribu», pour signaler tes goûts musicaux ou ta passion pour les jeux vidéo, pour communiquer ton humeur joyeuse ou chagrine[4]. On suit la mode de son groupe d'amis, mais on la personnalise[5] à l'aide d'accessoires, de messages ou en arrangeant[6] différemment les mêmes vêtements. Les jeunes sont des bricoleurs[7], ils ont le sens[8] du détail.

D'après: *Okapi*, 15 janvier 2007, p. 14–16.

1 loufoque *adj.* verrückt, flippig – **2 affirmer sa personnalité** seine Persönlichkeit unterstreichen – **3 se démarquer (de)** sich abheben (von) – **4 chagrin/e** *adj.* betrübt – **5 personnaliser qc** einer Sache eine persönliche Note geben – **6 arranger qc** *hier:* etw. zusammenstellen – **7 être bricoleur/-euse** handwerklich geschickt sein – **8 avoir le sens de qc** einen Sinn für etw. haben

Document 3: Non à la violence au collège!

Oser parler. Pour faire reculer la violence au collège et faire avancer le respect, il n'y a pas de meilleure solution. Car la violence a souvent un complice, le silence[1]. Avec toi, Okapi relance[2] «l'Opération ruban vert».

Non à toutes les formes de violence! Il n'y a pas que les coups de poing[3] qui font mal. Il y a aussi des mots, des gestes et des comportements. À côté des grandes violences que tu vois parfois à la télé, toutes ces petites violences tellement discrètes et répétées risquent[4] de paraître[5] banales. Et pourtant, non! Les injures[6], les insultes[7], les intimidations[8] et les humiliations[9] ne sont pas normales. Elles représentent 70% des violences scolaires. Mais elles ne sont pas plus acceptables pour autant[10]. Chacun, élève comme adulte, a son rôle à jouer: chacun peut décider d'ouvrir les yeux et les oreilles.

D'après: *Okapi*, 1er novembre 2001, p. 11.

1 le silence *hier:* das Schweigen – **2 relancer qc** etw. wieder aufleben lassen – **3 le coup de poing** der Fausthieb – **4 risquer de** Gefahr laufen zu – **5 paraître** erscheinen – **6 l'injure** *f.* die Beschimpfung – **7 l'insulte** *f.* die Beleidigung – **8 l'intimidation** *f.* die Einschüchterung – **9 l'humiliation** *f.* die Demütigung – **10 pour autant** trotzdem

---

Document 4: Quand les élèves se mettent au vert

Face à la pollution, quel choix avons-nous? Essayer de sauver la planète à sa petite échelle[1]: fermer l'eau du robinet[2] quand on se lave les dents, préférer les douches aux bains … Chacun sent que ce n'est pas assez. Mais voici une autre voie: s'engager pour l'écologie au sein[3] d'une communauté[4], d'une institution comme par exemple le lycée. Cela existe déjà, ici et là. Des lycéens élisent[5] un ou deux camarades de classe, les éco-délégués, pour qu'ils mettent en place des projets écologiques, qu'ils sensibilisent les autres, qu'ils trouvent avec eux des moyens de rendre l'établissement[6] plus vert, par exemple en recyclant le papier, en fabriquant un panneau solaire[7] ou en organisant le covoiturage[8].

D'après: *Phosphore*, juin 2007, p. 10.

1 à la petite échelle *hier:* im kleinen Maßstab – **2 l'eau du robinet** *f.* das Leitungswasser – **3 au sein de** innerhalb – **4 la communauté** *hier:* die Gemeinde – **5 élire qn** jdn wählen – **6 l'établissement** *m.* die Einrichtung (Institution) – **7 le panneau solaire** das Solarzellenpanel – **8 le covoiturage** die Fahrgemeinschaft

Module 1 · Ça me concerne – Prendre position KV 1/2c

Document 5: Jamais sans ma bande

La bande de potes est souvent perçue[1] comme la forme idéale de l'amitié: elle distrait[2], protège, identifie, fait grandir. La bande offre une sorte de seconde famille, au moment où l'on cherche souvent à se détacher[3] des parents.

Les trois-quarts des 15 à 29 ans ont un groupe d'amis réguliers. Le groupe se forme avant tout dans un lieu commun[4], souvent le voisinage ou l'école. Un groupe de garçons se crée souvent autour d'un objet extérieur[5], comme un ballon. Les filles, en revanche[6], créent plus facilement des groupes de confidentes[7]. La diversité des personnalités est indispensable[8] au fonctionnement d'une bande. Joanna, 15 ans, trouve des rôles aux différents membres de son groupe: «Il y a le zen[9] qui calme les choses, le fêtard[10] qui fait que ça bouge, qu'on s'amuse, le bavard[11] qui remplit[12] le silence[13] …»

D'après: *Phosphore*, juin 2008, p. 8–12.

1 perçu/e *adj.* angesehen – **2 distraire** ablenken – **3 se détacher de qn/qc** sich von jdm/etw. abnabeln – **4 commun/e** *adj.* gemeinsam – **5 extérieur/e** *adj.* außerhäuslich – **6 en revanche** hingegen – **7 le confident / la confidente** der/die Vertraute – **8 indispensable** *adj.* unverzichtbar – **9 le zen** *hier:* der gelassene Typ – **10 le fêtard** der Nachtschwärmer – **11 le bavard / la bavarde** das Plappermaul – **12 remplir qc** etw. (aus)füllen – **13 le silence** *hier:* die Stille

✂ ---

Document 6: Le jeu vidéo rend-il accro[1]?

Vivre à mi-chemin[2] entre la réalité et l'imaginaire[3], ça peut être chouette. Mais quand le monde virtuel prend le pas[4] sur le réel[5], attention!

«Moi, je joue environ cinq heures par jour. Sur console ou en ligne, c'est 50:50», nous confie Mathias, 15 ans. «Je ne peux vraiment pas m'en passer, je pense que je suis accro!», dit-il. Mais «être accro», ça veut dire quoi? Dans certains cas[6], les jeux deviennent le seul centre d'intérêt[7] de la vie du joueur qui tombe vite dans ce qu'on appelle la «cyber-addiction[8]»: c'est la déconnexion[9] totale de la famille, des amis et de l'école. D'ailleurs, la pratique intensive des jeux vidéo repose sur les mêmes principes que la consommation de drogue: recherche de sensations[10] fortes, besoin de repousser ses propres limites[11].

D'après: *Okapi*, 1er septembre 2006, p. 32.

1 accro *adj. fam.* süchtig – **2 à mi-chemin** *hier:* zwischen – **3 l'imaginaire** *f.* die Vorstellungswelt – **4 prendre le pas sur qc** etw. In den Hintergrund drängen – **5 le réel** die Realität – **6 le cas** der Fall – **7 le centre d'intérêt** das Interessengebiet – **8 la cyber-addiction** – die Cyber-Sucht – **9 la déconnexion** *hier:* die Abkopplung – **10 la sensation** *hier:* die Sinnesempfindung – **11 repousser ses propres limites** die eigenen Grenzen überschreiten

KV 1/2c

Ça me concerne. Je prends position. – Échange d'opinions

Voici des expressions pour commenter une prise de position:

Aspekte aufgreifen:
Tu as dit que ...
Tu penses/trouves que ...

Einverständnis signalisieren:
Je suis (entièrement) d'accord avec toi (parce que …).
Tu as entièrement raison quand tu dis que …

Andere Ansicht(en) äußern:
Je ne suis pas d'accord avec toi.
Moi, je ne pense pas comme toi.

Beispiele geben:
Moi, par exemple …
Je vais te donner un (autre) exemple: …

Aspekte ergänzen:
J'aimerais ajouter que …
Il y a encore un autre aspect (important) /
un autre (bon) argument: …

Nachfragen:
Explique encore ...
Je n'ai pas bien compris ton exemple / ton idée sur ...

Andere Lösungen vorschlagen:
On pourrait aussi …
On devrait plutôt …

1. Cherche les élèves qui ont travaillé sur le même texte que toi. Mettez-vous ensemble. Tirez au sort celui ou celle qui va présenter sa prise de position.

2. Copiez le tableau suivant. Pendant la présentation, notez sous forme de mots-clés:
   a) Les aspects et les idées avec lesquels vous êtes d'accord.
   b) Les aspects et les idées avec lesquels vous **n'êtes pas** d'accord.

d'accord	pas d'accord
– …	– …
– …	– …

3. Commentez la prise de position en utilisant les expressions en haut.

Ça me concerne – Discuter

> **Thèmes:** Les jeunes; Les médias
> → ***Parcours plus***: En famille (1–5), p. 12; Mes amis et moi (1–2), p. 20, Passions (2), p. 31; Quels médias pour quel usage? (1–3), p. 76; L'Homme et la planète (2), p. 194

Das Modul steht am Ende einer Unterrichtsreihe zum Thema *Les jeunes*, in deren Rahmen folgende verschiedene Teilthemen erarbeitet wurden:

a) *Internet: avantages et dangers*
b) *Les jeux vidéo*
c) *La mode et les marques*
d) *Ma famille et mes ami(e)s*
e) *La violence au lycée*
f) *Les jeunes et l'écologie*

Das Modul kann auch mit anderen thematischen Schwerpunkten durchgeführt werden. Notwendig ist dann eine Änderung bzw. Ergänzung der Diskussionsthemen der KV 2/3.

Die S werden in eine konfliktbeladene, wirklichkeitsnahe Situation hineinversetzt (KV 2/3: *Sujets de discussion*). Im Gespräch sollen sie nicht nur ihre eigene Meinung vertreten, sondern auch versuchen, die ihres Gegenübers zu verstehen, ihn/sie zu überzeugen und eventuell Ratschläge zu geben und/oder Handlungsvorschläge zu machen.

Scénario

A – Expressions utiles pour discuter

KV 2/1   Die KV 2/1 liefert Redemittel für das Konfliktgespräch und strukturiert es inhaltlich auf der Ebene der Sprachhandlungen vor (*commencer le dialogue* → *introduire ses arguments* → ... → *donner des conseils ou faire des propositions*). Sie enthält nicht nur typische Wendungen für diesen Gesprächstyp (z. B. *Ce que je veux dire, c'est que ...* oder *Si je peux te donner un conseil: ...*), sondern auch eine Reihe hochfrequenter Gliederungssignale[1], die für Gespräche dieser Art, aber auch für andere Gesprächssituationen typisch sind, wie z. B.: *Dis donc ..., Voyons ..., Oui, je vois ...* oder *..., tu sais / vous savez?, ... n'est-ce pas? ... tu comprends / vous comprenez?* Für den Adressatenbezug und den Gesprächsfluss sind gerade diese kleinen Ausdrücke bekanntlich von besonderer Bedeutung. Sie sind den meisten S natürlich (lexikalisch) bekannt, werden aber erfahrungsgemäß nur selten von ihnen verwendet.

- Nachdem unbekannte Ausdrücke geklärt worden sind, liest der/die L zur Sicherung der Aussprache alle Ausdrücke vor und die S sprechen sie chorisch nach.
- Dann trainiert die Lerngruppe den Gebrauch der Ausdrücke zum Beispiel mit Hilfe der *expression simultanée**.
  Beispielimpulse:
  „Du sprichst deinen Gesprächspartner an." – „Du erläuterst näher, was du meinst."
  „Du verstehst nicht, was der Andere meint." – „Du gibst dem Anderen einen Rat."
- Wenn gewünscht, kann der/die L mit den S überlegen, ob sie noch andere Ausdrücke für die verschiedenen Sprechakte kennen und diese in die Schreibzeilen auf der KV eintragen lassen.

---

1 Vgl. hierzu: Ludwig Söll: *Gesprochenes und geschriebenes Französisch*, Berlin 1974, S. 134 ff.

B – Discussion modèle

KV 2/2 Die S trainieren die praktische Anwendung der Ausdrücke anhand der *discussion modèle* „*Les jeunes et leur look*" auf der KV 2/2:
- Der/Die L trägt die *discussion modèle* vor, die S sprechen die einzelnen Repliken nach (Aufgabe 1).
- Dann lesen die S den Text zu zweit mit verteilten Rollen expressiv vor (Aufgabe 2).
- Anschließend ersetzen sie die kursiv gesetzten Ausdrücke durch andere passende Ausdrücke aus der KV 2/1 und lesen den so geänderten Text erneut vor (Aufgabe 3).

Beispiellösung (Aufgabe 3):

Expressions du dialogue modèle	Alternatives
Vous avez un moment?	J'aimerais bien te/vous parler. Je peux te/vous poser une question?
… vous savez.	… vous comprenez. … vous voyez.
Je ne comprends pas pourquoi.	Je ne vois pas pourquoi. Peux-tu / Pouvez-vous m'expliquer pourquoi?
Écoutez, …	Eh bien voilà, … Voyons, … Alors voilà, …
Vous voulez dire que …	Si je vous comprends bien …
… non?	… n'est-ce pas? / … vous voyez. / … vous comprenez. / … vous ne trouvez/pensez pas?
Je ne vois pas …	Je ne comprends pas … Pouvez-vous m'expliquer …
… vous savez.	… vous comprenez. … vous voyez. … vous ne pensez pas?
… vous comprenez?	… vous voyez. … vous savez.
Si je vous comprends bien …	Vous voulez dire que …
Mais essayez de me comprendre.	Mais écoutez. Mais vous savez …
… vous ne trouvez pas?	… vous ne pensez pas? … non? – … n'est-ce pas? … d'accord?
Si je peux vous donner un conseil …	Vous pourriez (enlever) … Il serait peut-être bien de … Et si vous (enleviez) …

C – Discussions

KV 2/3
- Der/Die L verteilt die KV 2/3 und klärt ggf. mit der Lerngruppe unbekannte Begriffe. Danach werden die Rollen – z. B. durch ein Abzählverfahren – verteilt. Bei ungerader Gruppenstärke wird eine Rolle doppelt besetzt oder von L eingenommen.
- Nun bereiten sich die S individuell auf die Diskussion vor, indem sie Argumente, Vorschläge und/oder Ratschläge entsprechend ihrer Rolle sammeln. Sie machen sich zunächst Notizen (Stichworte oder Satzfragmente, aber keine vollständigen Sätze) und trainieren dann die Formulierung ihrer Ideen mündlich (vor sich hinmurmelnd). Dazu verbinden sie ihre Stichworte mit Ausdrücken der KV 2/1, z. B.: *Internet = important pour l'école*. → ***Mais écoute, papa, l'Internet est vraiment très important pour l'école!***
- Anschließend üben die S in PA das Rollenspiel an ihrem Platz. Danach tun sich je zwei Tandems zu einer Vierer-Gruppe zusammen: Ein Tandem diskutiert, die beiden anderen S beobachten je einen Gesprächspartner. Dazu markieren sie auf der KV 2/1, welche Ausdrücke der/die Beobachtete verwendet hat und geben ihm/ihr dazu eine Rückmeldung (*Tu as utilisé «…»*, *C'est bien / beaucoup / pas assez / trop …*). Danach verfährt das andere Tandem genauso. Bei Bedarf kann diese Phase des *enrichissement** wiederholt werden.
- Zur Intensivierung des Sprechtrainings können auch die Rollen getauscht werden und die Diskussionen spontan (ohne schriftliche Vorbereitung) erneut geführt und beobachtet werden. Dieser Schritt stellt sicher, dass alle S beide Seiten des Diskussionstyps trainieren (z. B. Berater und Beratender).
- Zum Abschluss werden zwei oder drei *discussions* der Gesamtgruppe vorgestellt. Die Zuhörer beobachten dabei wieder arbeitsteilig einen der beiden Gesprächspartner. Als Beobachtungsraster kann dabei der folgende Frageapparat dienen:
    1. *Est-ce que ses arguments / ses idées / ses conseils étaient convaincant(e)s et/ou bien choisi(e)s? Donnez un ou deux exemples.*
    2. *Est-ce qu'il/elle a su rendre la discussion vivante?*
    3. *Est-ce qu'il/elle a bien commencé le dialogue?*
    4. *Est-ce qu'il/elle a bien introduit ses arguments?*
    5. *Est-ce qu'il/elle a bien essayé de se faire comprendre?*
    6. *Est-ce qu'il/elle a su demander des explications?*
    7. *Est-ce qu'il/elle a bien été en interaction avec son partenaire?*

Ça me concerne. Je discute. – S'adresser à l'autre dans une discussion

Voici des expressions utiles pour …

… commencer le dialogue

J'aimerais bien te/vous parler d'un (petit) problème.

Tu as / Vous avez un moment?

Je peux te/vous poser une question?

Dis/Dites donc, …

_____
_____
_____

… introduire ses arguments

Alors / Eh bien, voilà …

Écoute/Écoutez …

Voyons …

Alors, / Mais tu sais, / Vous savez, …

Je comprends, mais …

Oui, je vois, mais …

_____
_____
_____

… se faire comprendre

Essaie/Essayez de me comprendre: …

Je veux (seulement) dire que …

Ce que je veux dire, c'est que …

Mettez-vous à ma place: …

C'est vrai, mais …

_____
_____
_____
_____

… demander des explications

Si je te/vous comprends bien, …

Tu veux / Vous voulez dire que …

Je ne vois/comprends pas (pourquoi/comment …).

Peux-tu / Pouvez-vous m'expliquer (pourquoi/comment) …

Que veux-tu / voulez-vous dire par là?

_____
_____

… donner la parole à l'autre

… non?

… n'est-ce pas?

… tu vois / vous voyez?

… tu comprends / vous comprenez?

… tu sais / vous savez?

… d'accord?

… vous ne trouvez/pensez pas?

_____
_____

… donner des conseils ou faire des propositions

Si je peux te/vous donner un conseil: …

Tu pourrais / Vous pourriez (peut-être) …

Il serait peut-être bien de …

Pourquoi ne pas …?

Et si tu/vous …

_____
_____
_____

Ça me concerne. Je discute. – Discussion modèle

> **Sujet: Les jeunes et leur look**
> Tu viens en cours dans ton look préféré: cheveux bleus, une douzaine de piercings dans les oreilles, t-shirt avec une tête de mort, collier à clous, etc. Ton professeur pense que c'est inacceptable. Essaie de le convaincre du contraire.

1. Écoutez la discussion et répétez les répliques.

2. Travaillez à deux. Répartissez les rôles, puis lisez le dialogue de façon expressive.

3. Remplacez les expressions en italiques par d'autres expressions de la KV 2/1. Relisez le texte avec les nouvelles expressions de façon expressive.

Discussion modèle

Le prof: *Vous avez un moment?*
L'élève: Oui, bien sûr.
Le prof: Vous vous êtes regardé dans un miroir? Vous ne pouvez pas venir en classe comme ça, *vous savez.*
L'élève: *Je ne comprends pas pourquoi.*
Le prof: *Écoutez*, votre look est inacceptable dans un établissement scolaire.
L'élève: *Vous voulez dire que* je dérange quelqu'un?
Le prof: Vos cheveux, vos piercings, tout ça, c'est choquant, *non*?
L'élève: *Je ne vois pas* pour qui. Les autres élèves, ça les dérange pas, *vous savez.*
Le prof: Ça choque les adultes. Et les élèves que ça dérange, ils n'osent pas vous le dire, *vous comprenez?*
L'élève: *Si je vous comprends bien*, vous voulez que j'enlève mes piercings, que je change de couleur de cheveux, que je m'habille autrement. Mais *essayez de me comprendre*. Tous mes copains s'habillent comme ça. C'est notre look. Je ne peux pas faire autrement. Et puis, on est libre de s'habiller comme on veut, *vous ne trouvez pas*?
Le prof: C'est vrai, mais nous avons aussi un règlement et vous risquez d'avoir de gros problèmes avec le proviseur. *Si je peux vous donner un conseil*, enlevez au moins votre collier à clous et changez de t-shirt.
L'élève: Bon, je vais y réfléchir.

Ça me concerne. Je discute. – Sujets de discussion

SUJET 1: Les jeunes et Internet
Ton père ne comprend pas pourquoi tu passes deux à trois heures par jour devant l'écran, connecté à Internet. Tu lui expliques ce que tu fais et pourquoi tu as besoin du web pour tes activités. Mais ton père n'est pas facile à convaincre …

☐ **rôle 1: le père** ☐ **rôle 2: l'enfant**

SUJET 2: Les jeunes et les jeux vidéo
Ton/Ta corres français/e passe tout son temps devant l'ordinateur à jouer à des jeux vidéo. Tu as peur qu'il/elle ne puisse plus s'en passer. Tu lui parles des dangers des jeux vidéo et lui proposes d'autres activités.

☐ **rôle 1: le/la corres français/e** ☐ **rôle 2: le/la corres allemand/e**

SUJET 3: L'uniforme à l'école
Après un certain nombre de conflits à ton lycée, le conseil d'établissement de ton lycée voudrait imposer le port d'un uniforme. En tant que délégué des élèves, tu t'adresses au proviseur pour essayer de le convaincre de renoncer à ce projet.

☐ **rôle 1: le proviseur** ☐ **rôle 2: le/la délégué/e des élèves**

SUJET 4: La bande de copains
Ta mère se plaint du fait que tu passes de plus en plus de temps avec ta bande en oubliant complètement ta famille. Tu lui expliques pourquoi ta bande d'amis est très importante pour toi en ce moment et que ton comportement ne met pas ta famille en question.

☐ **rôle 1: la mère** ☐ **rôle 2: la fille / le garçon**

SUJET 5: Les jeunes et la violence
Ton ami/e s'est fait racketter sa veste et son portable dans la cour de l'école. Mais il/elle n'ose pas s'adresser à ses professeurs, à ses parents ou à la police parce qu'il/elle a peur des malfaiteurs. Il/Elle te demande conseil.

☐ **rôle 1: l'ami/e** ☐ **rôle 2: toi**

SUJET 6: Les jeunes et l'écologie
Ta classe veut organiser une journée «écologie» au collège, mais le proviseur du lycée ne voit pas l'utilité de cette action. En tant que délégué/e de classe tu essaies de le convaincre du contraire.

☐ **rôle 1: le proviseur** ☐ **rôle 2: le/la délégué/e de classe**

Paris, ville aux mille visages – Analyser et présenter une photo

> **Thèmes:** Paris
> → ***Parcours plus*:** Paris – province (2), p. 170

In diesem Modul, das besonders als Einstieg in eine Unterrichtsreihe zum Thema „Paris" geeignet ist, lernen die S Fotos (mündlich) zu beschreiben, zu analysieren und zu präsentieren. Grundlage der Arbeit sind die acht Fotos auf der KV 3/2.

Diese Fotos beleuchten acht ganz unterschiedliche Facetten der Stadt Paris (*le Paris romantique, le Paris monumental et touristique, le Paris chic* …). Die Fotoauswahl kann selbstverständlich durch andere Fotos der Stadt Paris ergänzt oder auch ersetzt werden.

Hinweis: Die Fotos dieser Kopiervorlagen sind im Internet unter **www.cornelsen.de/webcodes** auch in Farbe verfügbar. Geben Sie folgenden Webcode ein: PAR-LER-1

Scénario

A – Introduction: mind-map

KV 3/1
- Der/Die L erläutert den S Ziel und Ablauf des Moduls.
- Der/Die L verteilt die KV 3/1. Die S sehen sich die Mindmap in Aufgabe 1 an, der/die L klärt ggf. unbekannte Ausdrücke. Anschließend arbeiten die S in Partnerarbeit. Sie beschreiben sich abwechselnd ihre Assoziationen zu den acht verschiedenen *visages de Paris* mit Hilfe der vorgegeben Redemittel. Zum Schluss tragen einzelne S ihre Ergebnisse im Plenum vor.

B – Préparer la présentation: travail en tandem

KV 3/1
- Zuerst lesen die S die Aufgabenstellung 2. Danach bilden sie Arbeitspaare.

KV 3/2
- Der/Die L gibt jedem Tandem zwei Fotos. Dabei achtet er/sie darauf, dass 1. die Arbeitspaare zwei Fotos bekommen, die ganz unterschiedliche Facetten darstellen und 2., dass alle Fotos möglichst von der gleichen Anzahl von Tandems bearbeitet werden.

KV 3/3
- Nun verteilt der/die L die KV 3/3 mit dem Sprechschema *Expressions pour parler des photos de Paris*.
- Unbekannte Ausdrücke werden geklärt und der Gebrauch der *expressions* z. B. mit Hilfe der *expression simultanée*[*] intensiv trainiert. Dabei erläutert der/die L, dass die möglichst variantenreiche Verwendung der Redemittel der KV 3/3 ein wesentliches Ziel des Moduls und ggf. Gegenstand der Leistungsbewertung ist.
- Der/Die L bespricht mit den S die Möglichkeiten der Arbeitsverteilung bei der Präsentation der Ergebnisse. Günstig ist es, wenn je ein/e S ein Foto beschreibt (KV 3/3a, Frage 1). Ob dies auch bei den anderen Fragen möglich ist, hängt davon ab, ob das Arbeitspaar sich auf eine gemeinsame Einschätzung einigen konnte/möchte oder nicht. Bei unterschiedlichen Einschätzungen vertritt jede/r S seinen/ihren eigenen Standpunkt oder der/die Vortragende stellt den eigenen Standpunkt <u>und</u> den seines/ihres Partners dar.
- Nun bereiten die Tandems die Präsentation „ihrer" Fotos im Detail vor. Für ihren Vortrag fertigen die S Stichwortzettel mit Hilfe der Fragen und Redemittel auf der KV 3/3 an. Sie verwen-

den dabei möglichst viele verschiedene Redemittel. Einzelne Tandems, die sich dabei unsicher fühlen, können auch den Text vollständig aufschreiben und dann mit Hilfe der Methode „Kniff mit dem Knick"* vortragen.
- Im Rahmen der zeitlichen Möglichkeiten korrigiert der/die L die Schülertexte und unterstützt die S durch Feedback und entsprechende Hinweise bei der mündlichen Einübung ihrer Präsentation (*conversation simultanée**).

C – Présentation en groupes

- Nach dieser Übungsphase finden sich je zwei Tandems, die unterschiedliche Fotos bearbeitet haben, zu einer Vierergruppe zusammen.
- Bevor die S sich gegenseitig ihre Arbeitsergebnisse vorstellen, erläutert der/die L den Arbeitsauftrag für die „Zuhörphase": Ein/e S achtet auf die inhaltliche Gestaltung der Präsentation und der/die andere S auf die Verwendung der sprachlichen Mittel der KV 3/3. Dazu kreuzt er/sie (am besten in unterschiedlichen Farben für die beiden Sprecher) im Sinne der Methode des *enrichissement** auf dem Arbeitsblatt die Ausdrücke an, die die Vortragenden verwendet haben.
- Nach diesen Rückmeldungen bekommen die S Gelegenheit, ihren Vortrag inhaltlich und sprachlich zu überarbeiten.

D – Présentation devant la classe

- Der/Die L projiziert möglichst in Farbe (per OHP, Beamer oder digitalem Whiteboard) das erste Foto.
- Ein Tandem, das dieses Foto bearbeitet hat, präsentiert seine Arbeitsergebnisse.
- Die anderen Tandems, die ebenfalls das Foto bearbeitet haben, ergänzen ggf. die Beschreibung (Frage 1) und nennen ihre Einschätzungen des Fotos (Fragen 2 und 3) und ihre eigenen Fragen (Frage 4).
- Die übrigen Zuhörer können in eine Diskussion zu den Fragen 2 und 3 einsteigen und weitere Fragen zu den Fotos formulieren.
- Genauso wird mit den anderen Fotos verfahren.

E – Après la présentation

- Die durch die Fotos entstandenen Fragen (Frage 4) werden auf einer OHP-Folie protokolliert und nach Abschluss der Arbeit gesichtet und geordnet.
- Die Antworten auf einfache Sachfragen (z. B. *Quand est-ce que Notre-Dame a été construite?*) können von den S recherchiert oder vom / von der L vorgegeben werden. Weiterführende Fragen können als Leitfragen für die weitere Arbeit zum Thema Paris gesichert werden (z. B. die Frage *Pourquoi est-ce qu'il y a des SDF dans une ville aussi riche que Paris?*).

Paris, ville aux mille visages

1. Paris n'est pas Paris. Paris a mille visages, mille facettes. Il y a par exemple …

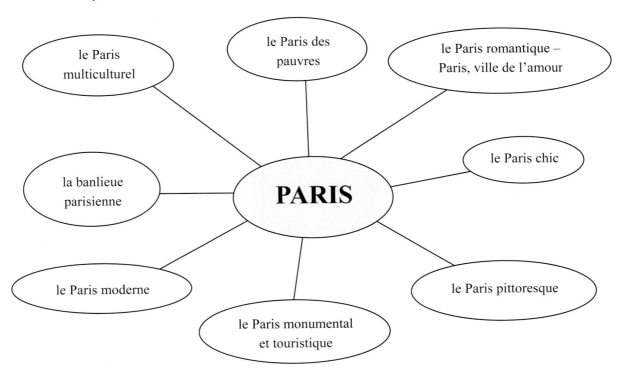

À quoi vous font penser les expressions de l'associogramme? Faites des phrases selon le modèle suivant.

Le Paris chic / Le Paris moderne / …	pour moi, c'est … ça me fait penser à … pour moi, ça signifie …

2. Travaillez en tandem. Choisissez deux photos de Paris. Décrivez et analysez-les à l'aide des questions ci-dessous, puis présentez-les aux autres.

1. Que voit-on sur les photos? Qu'est-ce qu'elles représentent?
2. Quelle(s) image(s), quelles idées de Paris montrent/représentent-elles? Justifiez votre opinion.
3. Est-ce que les photos correspondent à votre idée de Paris? Est-ce que vous les trouvez typiques de Paris? Pourquoi (pas)?
4. Quelles questions est-ce que vous vous posez après avoir regardé et décrit les photos? Qu'est-ce que vous aimeriez savoir après les avoir regardées?

Voici quelques conseils pour votre présentation:
– Pour préparer votre présentation, utilisez les expressions de la KV 3/3.
– Prenez des notes, mais n'écrivez pas de phrases complètes.
– Votre présentation ne doit pas dépasser 2 minutes par photo. Contrôlez votre temps!

Paris en images

1. Le Paris moderne

2. Le Paris des pauvres

3. Le Paris monumental et touristique

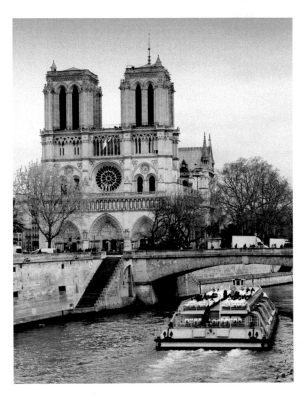

4. Le Paris romantique

5. La banlieue parisienne

6. Le Paris chic

7. Le Paris multiculturel

8. Le Paris pittoresque

Expressions pour parler des photos de Paris

A – Décrire les photos

1. Que voit-on sur les photos? Qu'est-ce que les photos représentent?

Sur la photo,	on voit … il y a …
La photo	montre … représente …

im Vordergrund im Hintergrund in der Mitte (von …) links (von …) / rechts (von …) auf der linken/rechten Seite oben (auf dem Foto) unten (auf dem Foto) vor … / hinter … auf … / unter … oberhalb (von …) unterhalb (von …)	Au premier plan, Au fond, Au milieu (de …), À gauche (de …) / À droite (de …), Sur la gauche / Sur la droite, En haut (de la photo), En bas (de la photo), Devant … / Derrière …, Sur … / Sous … Au-dessus (de) … Au-dessous (de) …	on découvre … on voit … il y a …

2. Quelles images, quelles idées de Paris montrent/représentent les photos?

| Pour nous/moi,
 À notre/mon avis,
 Je trouve que
 On trouve que | la photo | montre (bien) le/la <br> représente le/la <br> donne une image du / de la <br> donne une idée du / de la | Paris pittoresque.
 banlieue.
 … |

B – Commenter les photos

1. Est-ce que les photos correspondent à votre idée de Paris? Vous les trouvez typiques de Paris?

+					
La photo correspond	bien assez bien tout à fait	à notre/mon idée de Paris à notre/mon image de Paris	parce que car	pour nous/moi, Paris, c'est	surtout … plutôt … avant tout …
Pour nous/moi, À notre/mon avis, Je trouve / On trouve qu'			elle est (vraiment / tout à fait) typique de Paris.		

–					
La photo ne correspond	pas pas trop pas du tout	à notre/mon idée de Paris: à notre/mon image de Paris:	parce que car	pour nous/moi, Paris, c'est	surtout … plutôt … avant tout …
Pour nous/moi,	elle n'est pas	vraiment du tout	typique de Paris.		

2. Quelles questions est-ce que vous vous posez après avoir regardé et décrit les photos? Qu'est-ce que vous aimeriez savoir après les avoir regardées?

Après avoir regardé la photo,	nous nous demandons / je me demande si/où/pourquoi … nous aimerions / j'aimerais bien savoir si/où/pourquoi …

53 ans de relations franco-allemandes – Présenter un événement historique

> **Thèmes:** Les relations franco-allemandes
> → *Parcours plus*: Les relations franco-allemandes (1–3), p. 110

In diesem Modul lernen die S in Gruppenarbeit, anhand eines präzisen Frageapparates ein strukturiertes *exposé* zu einem wichtigen Datum der deutsch-französischen Geschichte zu entwerfen und zu halten. Dabei verschaffen sie sich in handlungsorientierter Weise einen Überblick über die deutsch-französischen Beziehungen von 1939 bis zur Gegenwart. Das Modul eignet sich besonders als Einstieg in das Thema „Deutschfranzösische Beziehungen".

Scénario

Anhand eines *exposé modèle* zum Thema „*La création de la chaîne Arte*" erwerben die S die sprachlichen Mittel zur Gestaltung ihrer *exposés* und erarbeiten die Struktur und Gliederung eines *exposé*. Zu Beginn erläutert der/die L den S Ziel und Ablauf des Moduls.

A – Exposé modèle: 30 mai 1992

KV 4/1
- Der/Die L verteilt die KV 4/1. Vor dem Hören des *exposé modèle* lesen die S die Vokabeln und die Fragen auf der KV aufmerksam und sorgfältig durch.

KV 4/2
KV 4/3
- Dann trägt der/die L das *exposé modèle* (KV 4/2) vor oder lässt es die S mit verteilten Rollen vorlesen. Gleichzeitig präsentiert er/sie das zum *exposé* gehörende Plakat (KV 4/3): Es kann auf Folie kopiert und an die Tafel projiziert werden oder kopiert und als Handout an die S ausgeteilt werden. Während des Vortrags zeigt der/die L auf die entsprechenden Stellen auf dem Plakat – so wie die S es später selbst tun sollen. S hören zu und machen sich ggf. Notizen.
- Nach einem zweiten Hördurchgang beantworten die S die Fragen auf der KV 4/1.
- Die Auswertung der Ergebnisse erfolgt im Plenum.
  Lösungen:
  1. *en octobre 1990* – 2. *non: coopération avec de nombreux pays européens comme la Belgique, la Suisse ...* – 3. *au mot «art»* – 4. *à Baden-Baden* – 5. *Karambolage* – 6. *en France*

KV 4/2
- Als weitere Vorbereitung für ihre eigene Arbeit erhalten die S nun das *exposé modèle* (KV 4/2) und analysieren die Struktur des Vortrags. L gibt dazu folgenden Arbeitsauftrag: *Lisez l'exposé modèle et dégagez-en la structure. Quelles sont les différentes parties qui le composent?*
  Lösungsvorschlag:
  1. *introduction (annonce du sujet)*
  2. *présentation du vocabulaire*
  3. *présentation du questionnaire*
  4. *explication de la structure*
  5. *partie principale de l'exposé*
  6. *conclusion*

- Dann suchen die S die textgliedernden Strukturwörter des *exposé modèle* heraus und schreiben sie mit der Zeilenangabe auf (s. Aufgabe auf der KV 4/2).

  Lösung:
  also – *donc* (Z. 16); also jetzt – *alors maintenant* (Z. 7); anschließend – *ensuite* (Z. 8); außerdem – *de plus* (Z. 19); bevor wir anfangen – *avant de commencer* (Z. 3); dann – *puis* (Z. 23); das heißt – *c'est-à-dire* (Z. 44); denn – *car* (Z. 43); deshalb – *c'est pourquoi* (Z. 25–26); in einem dritten Teil – *dans une troisième partie* (Z. 9); jedoch – *pourtant* (Z. 40); schließlich – *enfin* (Z. 9); übrigens – *d'ailleurs* (Z. 15); zuallererst – *tout d'abord* (Z. 7); zusammenfassend – *en conclusion* (Z. 43); zum Schluss – *pour finir* (Z. 38)

- Zur Vorbereitung der Anfertigung eines Stichwortzettels für ihr eigenes Referat unterstreichen die S nun im *exposé modèle* zentrale Wörter und Ausdrücke. Eine Hilfestellung für die S ist hierbei erfahrungsgemäß die Frage: Welche Wörter, Satzteile und Ausdrücke sind NICHT wichtig?

  Lösungsvorschlag:
  Annika: *30/05/1992 – chaîne Arte; vocabulaire – lire, répéter; questionnaire – lire*
  Tim: *d'abord: quand – pourquoi; ensuite: fonctionnement; 3ᵉ partie: particularités; enfin: influence*
  Tanja: *1988: Kohl et Mitterrand – projet; 1990: traité; 1992: émissions*
  Felix: *télévision européenne: amitié, compréhension; coopération B, CH, A, S, E, PL, GR, GB, FIN, S; arte → art = chaîne culturelle*
  Annika: *sièges: Strasbourg/Baden-Baden; président: 4 ans; financement: 95 % redevances, sponsors; pas de publicité*
  Tim: *particularités: deux langues – horaires différents*
  Tanja: *programme culturel; jeunes: «Yourope», «Karambolage» (différences F–D)*
  Felix: *relations franco-allemandes changées? seulement minorité – plus nombreux en France; certain: mieux connaître la vie (culturelle)*
  Tim: *conclusion: regarder Arte – slogan*

KV 4/3
- Abschließend vergleichen die S die von ihnen unterstrichenen Schlüsselwörter mit dem *affiche modèle* (KV 4/3). Danach überlegen sie gemeinsam, ob das Plakat/Handout ihrer Auffassung nach die Zentralinhalte des Vortrags aufzeigt.
- Je nach zeitlichem Rahmen kann der/die L am Ende dieser Übung noch einen kurzen Ausschnitt aus einer Arte-Sendung, z. B. „Karambolage" zeigen.

B – Travail en groupe

KV 4/4 Mit Hilfe der Themenkarten auf der KV 4/4 erarbeiten die S in Dreier- oder Vierer-Gruppen ein *exposé* zu einem der sechs vorgegebenen historischen Daten. Für die Vorbereitung des *exposé* benötigen die S einen Internetzugang, entweder zu Hause oder in der Schule. Damit der angestrebte Überblick über 53 Jahre deutsch-französische Geschichte erreicht wird, sollte darauf geachtet werden, dass alle sechs Daten bearbeitet werden.

- Vor bzw. während der Arbeitsphase bespricht der/die L mit den S folgende Punkte:
  - Bei der Recherche sollen ausschließlich französischsprachige Internetseiten genutzt werden, da erfahrungsgemäß die Übersetzung aus deutschen oder englischen Seiten zu sehr vielen Fehlern führt.
  - Die Zahl der unbekannten Vokabeln im *exposé* muss möglichst klein gehalten werden.
  - Der Hauptteil des *exposé* kann in ganzen Sätzen ausformuliert werden. Vor dem Vortrag soll jedoch auf der Grundlage des Textes ein Stichwortzettel entwickelt werden, anhand dessen das *exposé* vorgetragen wird. Dazu empfiehlt es sich, von vornherein darauf zu achten, nicht

zu lange Sätze zu machen. Noch mehr Sicherheit beim Vortrag verschafft den S der Einsatz des „Kniffs mit dem Knick"*.
- Soweit möglich sollte der/die L sowohl den Text als auch die Stichwortliste zumindest grob korrigieren (Lösungen: s. Teil C).
- Vor der Reinschrift des Handouts/Plakats sollen die S eine Skizze anfertigen. Bei einem Plakat muss die Schrift so groß sein, dass man sie auch in den hinteren Reihen im Klassenzimmer erkennen kann. Auf dem Plakat sollten zwei Fotos oder Abbildungen sein, auf die im Text hingewiesen wird, bzw. die im Text erläutert werden.
- Für die Präsentation werden die Rollen so verteilt, dass die Sprechanteile in etwa gleich sind. Während des Vortrags soll darauf geachtet werden, dass immer ein/e S am Plakat steht und auf die entsprechenden Wörter bzw. Bilder zeigt.
- Das *questionnaire* kann nicht nur als Frageapparat gestaltet werden: auch *choix multiple*-Aufgaben oder Kreuzworträtsel o. Ä. können zur Überprüfung des Verständnisses eingesetzt werden. Bei der Erstellung des Aufgabenapparates soll darauf geachtet werden, dass die Lösungen nicht oder zumindest nicht alle auf dem Plakat stehen.
- S bereiten alle Materialien für ihr Gruppenreferat vor. Anschließend üben sie ihre Präsentation zunächst in der Gruppe ein. Dazu verteilen sich die Gruppen (ggf. mit Plakaten) im Klassenraum, ggf. auch in angrenzenden Räumen. Es können sich auch je zwei Gruppen zu einem Probelauf zusammentun und sich gegenseitig ihre *présentations* vorstellen und anhand der Kriterien der KV 4/5 (konstruktiv) kritisieren und verbessern.

C – Présentation

KV 4/5
- Vor dem Halten der Vorträge verteilt der/die L die KV 4/5 „*Pour parler de nos scénarios*". Unbekannte Vokabeln werden geklärt und der Umgang mit den Redemitteln zum Beispiel mit Hilfe der *expression simultanée** eingeübt.
- Für den Erfolg der *présentation* ist es wichtig, dass die S jetzt mit ihren Stichwortzetteln arbeiten und nur noch im Notfall auf den ausformulierten Text schauen.
- Danach werden die einzelnen *exposés* in der Chronologie der historischen Daten vorgestellt. In der Regel wird es erforderlich sein, jedes *exposé* zweimal vorzutragen. Falls themengleiche *exposés* erstellt wurden, werden diese hintereinander vorgestellt. Beim zweiten *exposé* kann die Wiederholung des Vortrags meist wegfallen.
- Während des Vortrags achtet der/die L darauf, ob die Zuhörer dem Vortrag folgen können. Falls dies nicht der Fall ist oder die Vortragenden nicht merken, dass sie zu schnell sprechen, bittet der/die L sie, kurze Pausen zu machen und/oder das gerade Gesagte zu wiederholen.

Lösungen zu KV 4/4:

Groupe A: septembre 1939 – juin 1940

1. a) *Après l'invasion de la Pologne par l'Allemagne, la France déclare la guerre à l'Allemagne.* b) *Entrée des troupes allemandes à Paris.* c) *De Londres, le Général de Gaulle appelle les Français à la résistance et crée un gouvernement d'exil.* d) *La France et l'Allemagne signent un armistice dans un wagon de train, comme en 1918.*
2. *Période entre la déclaration de guerre et l'entrée des troupes allemandes en France, caractérisée par l'inaction de l'armée.*
3. *Frustration des Allemands à cause des conditions du traité de Versailles qui a mis fin à la Première Guerre Mondiale, expansionnisme des nazis …*
4. *Occupation du Nord de la France, reprise de l'Alsace et de la Lorraine, création d'un gouvernement à Vichy sous le Maréchal Pétain qui collabore avec l'occupant, naissance de la Résistance.*

Groupe B: 16 et 17 juillet 1942 (Rafle du Vél' d'Hiv')
1. *Arrestation de plus de 12.000 juifs étrangers résidant à Paris (dont 4.000 enfants) et regroupement au Vél' d'Hiv'.*
2. *Les familles sont séparées; les personnes arrêtées n'ont le droit d'emporter que peu de choses; elles restent sans nourriture, sans installations sanitaires pendant cinq jours; il y a un seul point d'eau; toute personne qui essaye de fuir est fusillée.*
3. *Vélodrome d'Hiver, construit en 1909, détruit en 1959.*
4. *À la demande des SS, la police française a organisé la rafle et a utilisé les bus de la compagnie du métropolitain parisien (RATP).*
5. *Le 17 juillet 1994, un monument commémoratif a été inauguré. Le 16 juillet 1995, Jacques Chirac a reconnu la responsabilité de la France dans la rafle du Vél' d'Hiv. Le 22 juillet 2012, François Hollande a déclaré: «Ce crime fut commis en France, par la France.»*

Groupe C: 10 juin 1944 (Massacre d'Oradour-sur-Glane)
1. *642 habitants de la petite ville d'Oradour-sur-Glane (dont 200 enfants) sont massacrés par la Waffen-SS. Il n'y a que six survivants. Les hommes sont fusillés et brûlés dans des granges, les femmes et les enfants enfermés dans l'église en feu. Tout le village est détruit par le feu.*
2. *Dans le Limousin, département de la Haute-Vienne.*
3. *Quatre jours avant, les alliés avaient débarqués sur les plages normandes, la résistance était de plus en plus forte. Le massacre avait pour but de terroriser la population française.*
4. *En 1953, à Bordeaux, procès de 21 soldats sur 150: 2 sont condamnés à mort, 5 à des peines de prison, tous sont libérés dès 1959. 14 soldats alsaciens, condamnés à de courtes peines de prison, sont amnistiés parce qu'ils ont agi sous la contrainte.*
5. *Le village est resté dans l'état au lendemain du massacre et on y voit des ruines, des objets divers; lieu de souvenir; il existe à côté un nouvel Oradour.*
6. *Un des actes les plus cruels commis par les Allemands pendant la Seconde Guerre Mondiale. Symbole pour la manière dont ont été traités les crimes de guerre.*

Groupe D: 9 mai 1950 et 25 mars 1957 (Déclaration Schumann et Traité de Rome)
1. *Le 9 mai 1950, la «déclaration Schumann» annonce la création de la Communauté Européenne du Charbon et de l'Acier (CECA) à laquelle la RFA, la France et le Benelux appartiendront. Cette institution permettra de gérer en commun l'industrie du charbon et de l'acier et de la moderniser.*
2. *Le ministre des Affaires étrangères Schumann sous la IVe République. Il a participé aux négociations de tous les traités importants après la Seconde Guerre Mondiale.*
3. *Signature des traités de Rome qui créent la Communauté économique européenne (CEE) et la Communauté européenne de l'énergie atomique (Euratom).*
4. *Création de la Commission européenne, du Conseil des ministres, de la Cour de justice, de l'Assemblée parlementaire européenne (appelée plus tard Parlement européen) etc.*
5. *Deux grands pas vers l'Union européenne.*

Groupe E: 22 janvier 1963 (Traité de l'Élysée)
1. *Signature du traité de l'Élysée, traité bilatéral entre la RFA et la France, par de Gaulle et Adenauer.*
2. *Programme de coopération entre l'Allemagne et la France dans les domaines des relations internationales, de la défense et de l'éducation; organisation de rencontres militaires et intergouvernementales; mise en place de rencontres régulières des chefs d'État et de gouvernement, des ministres etc.*

3. *Création de l'Office franco-allemand pour la Jeunesse (DFJW – Deutsch-Französisches Jugendwerk).*
4. *Soutien des échanges scolaires, universitaires et extra-scolaires, de la formation professionnelle, de l'apprentissage interculturel et linguistique; plus de 200 projets par an.*
5. *Début de la réconciliation des «ennemis héréditaires».*

<u>*Groupe F: 22 septembre 1984*</u>
1. *Rencontre de François Mitterrand et Helmut Kohl à Verdun pour commémorer la fin de la bataille de Verdun au son de la Marseillaise devant un cercueil recouvert des drapeaux des deux pays; les deux hommes se tiennent par la main.*
2. *La bataille de Verdun qui a coûté la vie à plus de 700.000 soldats français et allemands; la bataille la plus terrible que l'humanité ait connue.*
3. *Première commémoration commune après la Seconde Guerre Mondiale; symbole de la réconciliation des deux peuples.*
4. *Rapprochement constant, nombreuses rencontres; participation du chancelier Gerhard Schröder à la fête de la Libération en Normandie.*

Écouter et comprendre un exposé modèle

Vous allez écouter l'exposé modèle deux fois.
Pendant la première écoute, répétez le vocabulaire et lisez attentivement les questions.
Après la deuxième écoute, répondez aux questions.

l'influence f. – der Einfluss	**le peuple** – das Volk
examiner qc – etw. prüfen	**le siège** – der Sitz
diffuser qc – etw. ausstrahlen	**la redevance** – die Gebühr
favoriser qn/qc – jdn/etw. fördern, begünstigen	**l'horaire** m. – der Zeitplan
la compréhension – *hier:* die Verständigung	**le magazine** – *hier:* die Magazinsendung

Voici le questionnaire:

1. Quand le traité pour la création d'Arte a-t-il été signé?

2. Est-ce qu'Arte est une chaîne purement franco-allemande?

3. À quoi fait penser le nom de la chaîne?

4. Où est le siège d'Arte Allemagne?

5. Comment s'appelle l'émission qui compare la vie en Allemagne et en France?

6. Dans lequel des deux pays est-ce qu'Arte a le plus de téléspectateurs?

Exposé modèle

> **Sujet: 30 Mai 1992**
> 1. Quand et dans quel but la chaîne a-t-elle été fondée?
> 2. Quelles sont les particularités de la chaîne Arte?
> 3. Y a-t-il des émissions spéciales pour les jeunes spectateurs?
> 4. Quelle est l'importance de la chaîne au niveau des relations franco-allemandes?
> 5. Comment la chaîne est-elle organisée et financée?
> 6. Qui regarde Arte?
> 7. En quelle langue est-ce que les émissions sont diffusées?

Exposé sur la création de la chaîne de télévision «Arte»

Annika: Mon groupe et moi, nous avons choisi le 30 mai 1992. C'est la date de la création de la chaîne de télévision «Arte».
Avant de commencer, nous allons vous présenter le vocabulaire que vous ne connaissez pas. Nous allons le lire et vous allez répéter après nous: «l'influence – der Einfluss ...»
Et voilà notre questionnaire. Lisez les questions. «1. Quels personnages politiques, 2. ...»
Vous avez tout compris?

Tim: Alors maintenant, nous pouvons commencer. Tout d'abord, nous allons expliquer quand et pourquoi la chaîne a été créée. Ensuite, nous allons parler de son fonctionnement. Dans une troisième partie, nous allons présenter ses particularités. Enfin, nous allons essayer de voir si Arte a une influence sur les relations franco-allemandes.

Tanja: En 1988, le chancelier allemand Helmut Kohl et le Président de la République Française François Mitterrand décident d'examiner un projet de télévision franco-allemande.
En octobre 1990, un traité est signé entre la France et l'Allemagne. Le 30 mai 1992, les premières émissions sont diffusées simultanément en France et en Allemagne.

Felix: Et d'ailleurs, que veut dire «Arte»? Arte, ça veut dire «Association Relative à la Télévision Européenne». Donc l'idée, c'est de créer une télévision européenne pour favoriser l'amitié et la compréhension entre les peuples en Europe. Pour réaliser cette idée, il y a aussi une coopération avec les télévisions belge, suisse, autrichienne, espagnole, polonaise, grecque, britannique, finnoise et suédoise. De plus, Arte fait penser au mot «art». Cela va bien avec le but de cette chaîne. Elle veut être une chaîne culturelle.

Annika: Comment est-ce qu'elle fonctionne? Elle a son siège à Strasbourg. Voilà la photo.
Le siège d'Arte Allemagne est à Baden-Baden. Tous les quatre ans, son président change: le premier président est français puis au bout de quatre ans, c'est un Allemand, puis de nouveau un Français etc. La chaîne est financée à 95% par les redevances payées par les téléspectateurs en Allemagne et en France. Le reste est financé par des sponsors. C'est pourquoi il n'y a pas de publicité.

Tim: C'est d'ailleurs une première particularité de cette chaîne. Mais il y en a d'autres. Les programmes sont diffusés dans les deux langues. La plupart des émissions sont diffusées simultanément, mais certaines à des horaires différents. Par exemple, les Français dînent plus tard que les Allemands. Alors en France, les programmes du soir commencent à 20 h 40 ou 20 h 45 au lieu de 20 h 15 en Allemagne.

Module 4 · 53 ans de relations franco-allemandes – Présenter un événement historique KV 4/2b

Tanja: Le programme est surtout culturel: émissions d'information, magazines, documentaires et soirées thématiques. Et puis, Arte essaye d'intéresser les jeunes téléspectateurs avec des magazines comme «Yourope» ou «Karambolage». Karambolage, c'est une émission qui montre les différences entre la culture française et la culture allemande d'une manière amusante. C'est le dimanche soir.

Felix: Pour finir, la dernière question: est-ce que grâce à Arte, les relations franco-allemandes ont changé? Malheureusement, il faut avouer qu'Arte n'est regardée que par une minorité de téléspectateurs et qu'ils sont plus nombreux en France qu'en Allemagne. Regardez les chiffres! Pourtant, il est certain que la chaîne permet de mieux connaître la vie dans l'autre pays. Grâce à elle, les téléspectateurs peuvent s'informer sur la vie culturelle des partenaires et aussi sur la création artistique, cinématographique ou musicale.

Tim: En conclusion, nous aimerions vous conseiller de regarder Arte, car comme le dit le slogan que vous pouvez voir sur notre affiche: Arte est une télé «qui allume», c'est-à-dire une télé qui donne des idées, qui fait travailler la tête mais qui est aussi divertissante.

Cherchez dans le texte les expressions suivantes qui structurent l'exposé. Indiquez les lignes correspondantes.

also – _____

also jetzt – _____

anschließend – _____

außerdem – _____

bevor wir anfangen – _____

dann – _____

das heißt – _____

denn – _____

deshalb – _____

in einem dritten Teil – _____

jedoch – _____

schließlich – _____

übrigens – _____

zuallererst – _____

zusammenfassend – _____

zum Schluss – _____

Affiche modèle

 = Association Relative à la Télévision Européenne

→ **télévision franco-allemande** ▶ Kohl et Mitterrand (1988)

→ **objectifs:**
  - amitié / compréhension des peuples
  - informer sur la culture de / la vie dans l'autre pays

→ **siège à Strasbourg**

→ **particularités**
  - financée par les spectateurs ▶ pas de publicité!
  - émissions bilingues
  - horaires différents le soir

→ **téléspectateurs regardant ARTE au moins 15 minutes d'affilée par semaine (2009):** 5,1 millions en Allemagne
  8,4 millions en France

→ **slogan: «ARTE – LA TÉLÉ QUI VOUS ALLUME!»**

Préparer un exposé de groupe

Groupe A: septembre 1939 – juin 1940
1. Que s'est-il passé …?
   a) le 3 septembre 1939 – b) le 14 juin 1940 – c) le 18 juin 1940 – d) le 22 juin 1940
2. Que veut dire l'expression «drôle de guerre»?
3. Quelles étaient les causes de la guerre?
4. Quelles en ont été les conséquences?

Voici un lien pour vous informer sur le sujet:
http://www.cheminsdememoire.gouv.fr (cliquer sur «accès thématique» → «La drôle de guerre»)

Groupe B: 16 et 17 juillet 1942
1. Décrivez les événements du 16 et du 17 juillet 1942.
2. Décrivez les conditions de vie des personnes enfermées au Vél' d'Hiv'.
3. Que veut dire le nom «Vél' d'Hiv'»?
4. Que sont devenus les prisonniers du Vél' d'Hiv'?
5. Est-ce qu'il s'agissait d'une action purement allemande ou est-ce que la France y a participé activement?
6. Que s'est-il passé le 17 juillet 1994, le 16 juillet 1995 et le 22 juillet 2012?

Voici des liens pour vous informer sur le sujet:
http://pagesperso-orange.fr/d-d.natanson/rafle_vel_d-hiv.htm
http://pagesperso-orange.fr/felina/doc/hist/veldhiv.htm
http://fr.wikipedia.org/ (rechercher «rafle du Vélodrome d'Hiver»)

Groupe C: 10 juin 1944
1. Que s'est-il passé le 10 juin 1944 à Oradour-sur-Glane?
2. Où se trouve Oradour-sur-Glane?
3. Pourquoi un tel massacre a-t-il eu lieu?
4. Est-ce qu'il y a eu des procès contre les coupables après la guerre?
5. Aujourd'hui, Oradour-sur-Glane est un site «touristique». Qu'est-ce que les visiteurs peuvent y voir?
6. Qu'est-ce qui fait l'importance historique de ce massacre?

Voici des liens pour vous informer sur le sujet:
http://www.aquadesign.be/calendrier/massacre-oradour-sur-glane-nazis,251.html
http://www.lexode.com (rechercher «massacre d'Oradour-sur-Glane»)
http://encyclopedie.snyke.com/articles/massacre_d_oradour_sur_glane.html
http://www.europe1.fr (rechercher «massacre d'Oradour-sur-Glane»)

Groupe D: 9 mai 1950 et 25 mars 1957

1. Quel organisme a été créé le 9 mai 1950?
2. Qui était Robert Schuman?
3. Que s'est-il passé à Rome le 25 mars 1957? (Euratom)
4. Quelles institutions ont été créées?
5. Quelle est la signification de ces dates pour les relations franco-allemandes et pour l'Europe aujourd'hui?

Voici des liens pour vous informer sur le sujet:
https://pastel.diplomatie.gouv.fr/editorial/archives/dossiers/schuman/index.html
http://www.deutschland-frankreich.diplo.de/Declaration-de-Robert-Schuman-9,047.html
http://www.web-libre.org/dossiers/traite-rome,1486.html

Groupe E: 22 janvier 1963

1. Que s'est-il passé le 22 janvier 1963?
2. Quel est le contenu du document signé à cette occasion?
3. Quelle institution pour les jeunesses française et allemande a été créée?
4. Quelles sont ses activités aujourd'hui?
5. Quelle est la signification du 22 janvier 1963 pour les relations franco-allemandes?

Voici des liens pour vous informer sur le sujet:
http://www.arte.tv/fr/1248676.html (cliquer sur «l'analyse d'image»)
http://www.ofaj.org
http://mjp.univ-perp.fr/defense/1963elysee.htm

Groupe F: 22 septembre 1984

1. Décrivez l'événement qui s'est déroulé à Verdun le 22 septembre 1984.
2. Que rappelle le Mémorial de Verdun? Pourquoi se trouve-t-il à Verdun?
3. Pourquoi ce geste est-il important pour les relations franco-allemandes?
4. Comment ont évolué les relations franco-allemandes depuis cette date?

Voici des liens pour vous informer sur le sujet:
http://www.ac-nancy-metz.fr/enseign/LettresHistoireGeographieLP/HG/ressourc/lorraine/verdun.htm
http://www.unige.ch/ieug/plate-forme/Fiches/figures/mitterand.html
http://www.arte.tv/fr/1248676.html (cliquer sur «l'analyse d'image»)

Expressions pour parler d'un exposé

A – Le texte, l'affiche, les annotations et le questionnaire

Le texte (n') était (pas)	facile/difficile à comprendre. trop compliqué. trop long. intéressant (parce que …). clairement structuré. informatif.
Il (n') y avait (pas) beaucoup/trop de mots inconnus/nouveaux.	

L'affiche (n') est (pas)		lisible. bien structurée.
Les mots-clés/informations-clés sur l'affiche		(ne) sont (pas) bien choisi(e)s. (ne) sont (pas) trop long(ue)s. (ne) font (pas) ressortir l'essentiel / les informations les plus importantes.
Les photos Les illustrations	sur l'affiche	(ne) sont (pas) bien choisies (parce que …). (ne) sont (pas) pertinentes. (ne) sont (pas) informatives.

Le questionnaire L'exercice choix multiple Les mots croisés	(n') est (pas) (ne) sont (pas)	bien fait(s). intéressant(s). (trop) facile(s) / difficile(s).

B – La présentation

X, tu (n') as (pas) X et Y, vous (n') avez pas	parlé	assez fort. trop vite. de façon accentuée.
	montré (du doigt) les informations sur l'affiche. expliqué les photos / les illustrations sur l'affiche.	

Regards sur les cuisines – Médiation

> **Thèmes:** La vie quotidienne; Les relations franco-allemandes
> → ***Parcours plus***: Les relations franco-allemandes, p. 114

In diesem Modul trainieren die S anhand von zwei Texten zur deutschen bzw. französischen Küche die mündliche Sprachmittlung aus dem Deutschen ins Französische. Sie lernen, mit bestimmten Verfahren einen Sachtext so zu verdichten, dass sie seine zentralen Aussagen in knapper Form mündlich in der Zielsprache vorstellen können. Das Modul kann gut im Rahmen einer Unterrichtsreihe zu den deutsch-französischen Beziehungen mit Fokus auf die Aspekte Selbstbild, Fremdbild und Klischees eingesetzt werden.

Scénario

A – Travail individuel

KV 5/1
- Der/Die L erläutert den S Ziel und Ablauf des Moduls.
- Der/Die L teilt den Kurs durch Abzählen in zwei Gruppen auf (A und B) und teilt die Texte der KV 5/1 entsprechend an die Gruppen aus.
- Jede/r S bearbeitet nun seinen/ihren Text entsprechend dem Arbeitsauftrag auf der KV 5/1.
- Danach übertragen die S die markierten Elemente stichwortartig ins Französische und notieren sie in der leeren Spalte neben dem Text. Dazu benötigen sie ein zweisprachiges Wörterbuch.

B – Travail en tandem

KV 5/2
- Die S setzen sich in arbeitsgleichen Tandems zusammen (AA bzw. BB). Sie vergleichen ihre Ergebnisse und ergänzen sie ggf. (R-E-P-Verfahren*).
- Danach erhalten sie die KV 5/2 mit dem Lösungsvorschlag zu ihrem Text, vergleichen auch diesen Vorschlag mit ihrer eigenen Lösung und ergänzen sie ggf. Der/Die L macht dabei deutlich, dass der verteilte Lösungsvorschlag nicht der einzig richtige ist, sondern inhaltlich und formal als Anregung für die eigene Arbeit verstanden werden kann.
- Anschließend erstellen die S auf der Basis der Eintragungen in der rechten Spalte einen Stichwortzettel für die mündliche Präsentation des Textes. Der/Die L weist darauf hin, dass dieser Stichwortzettel nicht unbedingt der Chronologie des Textes folgen muss.

    Lösungsvorschlag A:

    > Text A: Die Deutschen und ihre Küche
    > **Introduction**: manger pour travailler vs. travailler pour manger
    > **Thèse**: cuisine allemande = lourde et peu raffinée
    > **Contre-arguments**:
    > 1. changement depuis 40 ans: influence des pays méditerranéens (migration, voyages, restaurants ...)
    > 2. question: cuisine allemande menacée?
    >   – bonne qualité et créativité dans certains domaines: pain (600 variétés), charcuterie (1500 sortes)
    >   – désir d'une alimentation saine (magasins bio)
    >   – excellents cuisiniers et restaurants, émissions culinaires
    >
    > **Autre critique**: absence «d'art de la table»; repas ≠ *moment-clé de la vie familiale*

Lösungsvorschlag B:

Text B: Die Franzosen und ihre Küche
Introduction: bonne réputation mondiale de la cuisine française → Pourquoi?
Thèse: «l'art de la table» = caractéristique de la cuisine française
Exemples:
Raisons:
1. Les Français prennent leur temps pour préparer les repas et pour manger.
2. Manger est un plaisir.
3. Les Français favorisent les menus complets avec apéritif, entrée, plat principal, fromage et dessert.
4. Le repas est un moment important de la vie familiale.

C – Entraînement à la présentation

KV 5/3
- Der/Die L verteilt die KV 5/3 (Redemittel für die Sprachmittlung) und klärt ggf. unbekannte Wörter und Ausdrücke.
- Danach trainiert er/sie mit der Lerngruppe die variantenreiche Verwendung der Redemittel, z. B. mit Hilfe einer *expression simultanée**.
- Anschließend trainiert jede/r S seine/ihre Präsentation. Als *supports* verwendet er/sie dabei seinen/ihren Stichwortzettel und die KV 5/3. Der/Die L macht noch einmal deutlich, dass es bei der Präsentation auf sprachlicher Ebene darauf ankommt, die *expressions utiles* der KV 5/3 möglichst variantenreich einzusetzen.

D – Présentation

KV 5/3
KV 5/4
- Nun bilden die S Dreier-Gruppen bestehend aus einem/einer S mit Text A, einem/einer S mit Text B und einem/einer Beobachter/in (*observateur linguistique*).
- Die beiden Schüler/innen A und B stellen sich „ihre" Texte vor und geben sich gegenseitig eine Rückmeldung, ob sie einander verstanden haben und ob der Vortrag gut strukturiert war. Sie besprechen außerdem, was sie inhaltlich am Text bzw. an der Präsentation am meisten interessiert hat. Der/Die Beobachter/in spiegelt beiden S, wie weit es ihnen gelungen ist, die Redemittel der KV 5/3 variantenreich zu verwenden. Dazu kreuzt er/sie während der Präsentationen auf der KV 5/3 die von den Vortragenden verwendeten Ausdrücke an (vgl. Methodenteil: *enrichissement**). Redemittel für die Evaluation bzw. die Feedbackrunde stehen für alle drei S auf der KV 5/4 bereit.
- Danach bilden die S neue Dreier-Gruppen und zwar so, dass dieses Mal alle *observateurs* ihren Text präsentieren.

E – Phase finale

Die *phase finale* hat ein doppeltes Ziel: Zum einen eine Evaluation der *médiation*, zum anderen die Sicherung des inhaltlichen Ertrags der Arbeit. Dazu sammelt der/die L im Unterrichtsgespräch an der Tafel die Inhalte, die die S verstanden und behalten haben. Dabei äußern sich die S zunächst jeweils zu dem Text, den sie nicht bearbeitet haben. In einer zweiten Runde ergänzen die anderen S die Ergebnisse. Daran kann sich eine Diskussion über die in den Texten vertretenen Thesen anschließen.

Hinweis: Diese Methode kann natürlich auch im Rahmen der jeweiligen Unterrichtsreihe an anderen geeigneten Sachtexten trainiert werden.

Regards sur les cuisines – Médiation (groupe A)

Préparez un résumé oral du texte suivant en français.
À votre avis, quels sont les éléments et les idées les plus importants?
Surlignez/Soulignez-les, par exemple de cette manière:
- surlignez les mots-clés,
- soulignez d'un simple trait les arguments et contre-arguments essentiels,
- soulignez d'un double trait la thèse, la question et/ou la conclusion centrales.

Écrivez des notes dans la marge.

Text A: Die Deutschen und ihre Küche

Es gibt einen Spruch, der besagt, dass die Deutschen essen, um zu arbeiten, während die Franzosen arbeiten, um zu essen. Für die Deutschen scheint es dabei am Wichtigsten zu sein, dass man satt wird und das möglichst schnell. Das mag übertrieben klingen, aber vielleicht steckt auch ein Körnchen Wahrheit in dieser Aussage.

Man kann wahrlich nicht behaupten, dass die deutsche Küche Weltruhm erlangt hat. Sie hat den Ruf, schwer, fett und nicht besonders raffiniert zu sein. Aber ist das nicht nur ein Vorurteil? Es mag früher vielleicht so gewesen sein. In den letzten 40 Jahren jedoch ist durch die Ankunft zahlreicher Migranten aus südlichen Ländern und durch die Reisefreudigkeit der Deutschen einiges in Bewegung gekommen. Ein Gang durch die Supermärkte oder über die Wochenmärkte zeigt, dass man dort heute so gut wie alles finden kann. Und seit jeher ist die deutsche Küche besonders kreativ und qualitativ hoch stehend im Bereich der Brotherstellung (über 600 Brotsorten) und der Wurstwaren (es gibt 1500 verschiedene Sorten von Wurst und Aufschnitt).

Die Qualität der Lebensmittel wird sehr ernst genommen und die steigende Zahl der Bio-Läden zeigt, dass die Verbraucher, soweit ihre finanziellen Mittel es ihnen erlauben, Wert auf Qualität und gesunde Ernährung legen.

In Deutschland gibt es hervorragende Küchenchefs und Restaurants, davon 243 mit ein, zwei oder sogar drei Michelin-Sternen. Manche dieser Köche treten auch im Fernsehen in einer der zahlreichen Kochsendungen oder Kochshows auf, die sich im ganzen Land größter Beliebtheit erfreuen.

Ein Blick auf die Speisekarte der Gaststätten verschiedener Städte zeigt, dass man auch innerhalb Deutschlands kulinarisch reisen kann: Italienisch, spanisch, indisch, chinesisch, japanisch, französisch – die ganze Welt lädt hier zum Essen ein.

Aber was bedeutet das? Wird die so genannte typisch deutsche Küche von der internationalen Küche verdrängt? Nicht wirklich. Die Lieblingsgerichte der Deutschen sind neben einfachen italienischen Gerichten (Spaghetti, Pizza) nach wie vor klassische deutsche Spezialitäten wie Rouladen, Sauerbraten, Kohlrouladen oder Königsberger Klopse.

Was jedoch wirklich im Argen zu liegen scheint, ist die Esskultur. Die Mahlzeiten sind in Deutschland häufig eine eher schnelle und ziemlich schweigsame Angelegenheit. In manchen Familien ist es sogar üblich, dass abends jeder an den Kühlschrank geht und sich herausnimmt, was er möchte, um es dann allein vor dem Fernseher oder sogar in seinem Zimmer zu verzehren. Die Mahlzeiten sind, zumindest während der Woche, nicht der Höhepunkt des Familienlebens.

Module 5 · Regards sur les cuisines – Médiation

Regards sur les cuisines – Médiation (groupe B)

Préparez un résumé oral du texte suivant en français.
À votre avis, quels sont les éléments et les idées les plus importants?
Surlignez/Soulignez-les, par exemple de cette manière:
- surlignez les mots-clés,
- soulignez d'un simple trait les arguments et contre-arguments essentiels,
- soulignez d'un double trait la thèse, la question et/ou la conclusion centrales.

Écrivez des notes dans la marge.

Text B: Die Franzosen und ihre Küche

Der gute Ruf der französischen Küche ist unumstritten, insbesondere seit im Jahre 2010 das „gastronomische Mahl der Franzosen" in die UNESCO-Liste der Meisterwerke des immateriellen Weltkulturerbes aufgenommen wurde.

5 Doch wie sieht die französische Küche im Alltag aus? Was ist das Besondere an der französischen Küche? Stimmt es, dass sich die Franzosen von Froschschenkeln, Schnecken, Baguette und stinkendem Käse ernähren?

Wie so oft sind das natürlich nur Klischees. Froschschenkel werden
10 äußerst selten gegessen und man findet sie kaum noch auf den Speisekarten der Restaurants. Aber alles, was mit den Mahlzeiten zu tun hat, ist in Frankreich von großer Bedeutung. Man könnte vielleicht sagen, dass die französische Esskultur, d. h. die Art, wie die Mahlzeiten zubereitet und eingenommen werden, den
15 Unterschied zu anderen Ländern ausmacht.

Wann immer sie die Möglichkeit dazu haben, nehmen sich die Franzosen viel Zeit, um ihre Mahlzeiten zu zelebrieren. Essen ist nicht einfach eine Notwendigkeit. Es ist vor allem ein Genuss. Und auch wenn im Alltag die Zeit oftmals knapp ist, ist der Esstisch
20 immer noch der Ort, an dem sich die Familie trifft, um von den Erlebnissen des Tages zu berichten, über Familienprobleme oder sogar über Politik zu diskutieren. Am Wochenende und im Rahmen von Familienfeiern kann das Mittagessen sogar mehrere Stunden dauern.

25 Die langen Essenszeiten resultieren daraus, dass die Mahlzeiten in Frankreich einem festen Ritual folgen. Alles beginnt mit einem Aperitif, zu dem man übrigens auch Freunde einladen kann, ohne

dass sie zum Essen bleiben. Beim „*apéro*" knabbert man Oliven, Erdnüsse oder andere kleine Leckereien. Danach beginnt das eigentliche Mahl: Vorspeise oder Suppe, Hauptgericht, Käse, Nachtisch und dazu immer Weißbrot, stilles Wasser und der passende Wein. Zum Abschluss wird ein Kaffee (abends eher ein Kräutertee) und vielleicht sogar ein Magenlikör oder ein Cognac getrunken. Man kann sich leicht vorstellen, dass auch die Zubereitung einer solchen Mahlzeit viel Zeit (durchschnittlich 1 Stunde 22 Minuten) in Anspruch nimmt.

Man darf jedoch auch nicht verschweigen, dass die tiefgefrorenen Gerichte, die Mikrowelle und die schnelle Küche immer mehr in Anspruch genommen werden. 3 % der Mittagsmahlzeiten und 5 % der Abendessen werden von Erwachsenen in Schnellrestaurants eingenommen. Bei Kindern und Jugendlichen sind die Zahlen viel höher. Und sie steigen konstant.

Auf Grund der Globalisierung haben außerdem neben den traditionellen Gerichten neue Nahrungsmittel und Zubereitungsarten Einzug in die französische Küche gehalten. Von vielen Franzosen wird dies als eine Bereicherung betrachtet, doch manche sehen darin auch eine Bedrohung für die französische Gastronomie und ihren Ruhm.

Lösungsvorschlag: Text A

Comparez cette solution de la KV 5/1 à la votre.

Die Deutschen und ihre Küche	
Es gibt einen Spruch, der besagt, dass die Deutschen essen, um zu arbeiten, während die Franzosen arbeiten, um zu essen. Für die Deutschen scheint es dabei am Wichtigsten zu sein, dass man satt wird und das möglichst schnell. Das mag übertrieben klingen, aber vielleicht steckt auch ein Körnchen Wahrheit in dieser Aussage.	introduction
Man kann wahrlich nicht behaupten, dass die deutsche Küche Weltruhm erlangt hat. Sie hat den Ruf, schwer, fett und nicht besonders raffiniert zu sein. Aber ist es nicht nur ein Vorurteil?	thèse: cuisine allemande = lourde et peu raffinée
Es mag früher vielleicht so gewesen sein. In den letzten 40 Jahren jedoch ist durch die Ankunft zahlreicher Migranten aus südlichen Ländern und durch die Reisefreudigkeit der Deutschen einiges in Bewegung gekommen. Ein Gang durch die Supermärkte oder über die Wochenmärkte zeigt, dass man dort heute so gut wie alles finden kann. Und seit jeher ist die deutsche Küche besonders kreativ und qualitativ hoch stehend im Bereich der Brotherstellung (über 600 Brotsorten) und der Wurstwaren (es gibt 1500 verschiedene Sorten von Wurst und Aufschnitt).	contre-argument: changement depuis 40 ans → influence des *pays méditerranéens* contre-argument: bonne qualité dans certains domaines
Die Qualität der Lebensmittel wird sehr ernst genommen und die steigende Zahl der Bio-Läden zeigt, dass die Verbraucher, soweit ihre finanziellen Mittel es ihnen erlauben, Wert auf Qualität und gesunde Ernährung legen.	*alimentation saine*
In Deutschland gibt es hervorragende Küchenchefs und Restaurants, davon 243 mit ein, zwei oder sogar drei Michelin-Sternen. Manche dieser Köche treten auch im Fernsehen in einer der zahlreichen Kochsendungen oder Kochshows auf, die sich im ganzen Land größter Beliebtheit erfreuen.	contre-argument: excellents cuisiniers et restaurants *émissions culinaires*
Ein Blick auf die Speisekarte der Gaststätten verschiedener Städte zeigt, dass man auch innerhalb Deutschlands kulinarisch reisen kann: Italienisch, spanisch, indisch, chinesisch, japanisch, französisch – die ganze Welt lädt hier zum Essen ein.	
Aber was bedeutet das? Wird die sogenannte typisch deutsche Küche von der internationalen Küche verdrängt? Nicht wirklich. Die Lieblingsgerichte der Deutschen sind neben einfachen italienischen Gerichten (Spaghetti, Pizza) nach wie vor klassische deutsche Spezialitäten wie Rouladen, Sauerbraten, Kohlrouladen oder Königsberger Klopse.	question: cuisine allemande = menacée? spécialités allemandes: *paupiettes* (Rouladen), *viande marinée sucrée-salée* (Sauerbraten)

Was jedoch wirklich im Argen zu liegen scheint, ist die Esskultur. Die Mahlzeiten sind in Deutschland häufig eine schnelle und ziemlich schweigsame Angelegenheit. In manchen Familien ist es sogar üblich, dass abends jeder an den Kühlschrank geht und sich herausnimmt, was er möchte, um es dann allein vor dem Fernseher oder sogar in seinem Zimmer allein zu verzehren. Die Mahlzeiten sind, zumindest in der Woche, nicht der Höhepunkt des Familienlebens.	autre critique: manque d'art de la table *repas ≠ moment-clé de la vie familiale*

(Zeile 40)

Lösungsvorschlag: Text B

Comparez cette solution de la KV 5/1 à la votre.

Text B: Die Franzosen und ihre Küche	
Der gute Ruf der französischen Küche ist unumstritten, insbesondere seit im Jahre 2010 das „gastronomische Mahl der Franzosen" in die UNESCO-Liste der Meisterwerke des immateriellen Weltkulturerbes aufgenommen wurde.	introduction
<u>Doch wie sieht die französische Küche im Alltag aus? Was ist das Besondere an der französischen Küche?</u> Stimmt es, dass sich die Franzosen von Froschschenkeln, Schnecken, Baguette und stinkendem Käse ernähren?	questions centrales: – à quoi ressemble la cuisine française au quotidien? – particularité de la cuisine française?
Wie so oft sind das natürlich nur Klischees. Froschschenkel werden äußerst selten gegessen und man findet sie kaum noch auf den Speisekarten der Restaurants. Aber alles, was mit den Mahlzeiten zu tun hat, ist in Frankreich von großer Bedeutung. Man könnte vielleicht sagen, dass die französische Esskultur, d. h. die Art, wie die Mahlzeiten zubereitet und eingenommen werden, den Unterschied zu anderen Ländern ausmacht.	thèse: «l'art de la table» fait la différence ↓
Wann immer sie die Möglichkeit dazu haben, nehmen sich die Franzosen viel Zeit, um ihre Mahlzeiten zu zelebrieren. Essen ist nicht einfach eine Notwendigkeit. Es ist vor allem ein Genuss. Und auch wenn im Alltag die Zeit oftmals knapp ist, ist der Esstisch immer noch der Ort, an dem sich die Familie trifft, um von den Erlebnissen des Tages zu berichten, über Familienprobleme oder sogar über Politik zu diskutieren. Am Wochenende und im Rahmen von Familienfeiern kann das Mittagessen sogar mehrere Stunden dauern.	repas: – on prend son temps – manger = plaisir – fait partie de la vie familiale
Die langen Essenszeiten resultieren daraus, dass die Mahlzeiten in Frankreich einem festen Ritual folgen. Alles beginnt mit einem Aperitif, zu dem man übrigens auch Freunde einladen kann, ohne dass sie zum Essen bleiben. Beim „*apéro*" knabbert man Oliven, Erdnüsse oder andere kleine Leckereien. Danach beginnt das eigentliche Mahl: Vorspeise oder Suppe, Hauptgericht, Käse, Nachtisch und dazu immer Weißbrot, stilles Wasser und der passende Wein. Zum Abschluss wird ein Kaffee (abends eher ein Kräutertee) und vielleicht sogar ein Magenlikör oder ein Cognac getrunken. Man kann sich leicht vorstellen, dass auch die Zubereitung einer solchen Mahlzeit viel Zeit (durchschnittlich 1 Stunde 22 Minuten) in Anspruch nimmt.	– menu complet: ▶ apéritif ▶ entrée ▶ plat principal ▶ fromage ▶ dessert ▶ café (ou tisane) ▶ digestif

Man darf jedoch auch nicht verschweigen, dass die tiefgefrorenen Gerichte, die Mikrowelle und die schnelle Küche immer mehr in Anspruch genommen werden. 3 % der Mittagsmahlzeiten und 5 % der Abendessen werden von Erwachsenen in Schnellrestaurants eingenommen. Bei Kindern und Jugendlichen sind die Zahlen viel höher. Und sie steigen konstant.	antithèse: changements – plus de cuisine rapide
Auf Grund der Globalisierung haben außerdem neben den traditionellen Gerichten neue Nahrungsmittel und Zubereitungsarten Einzug in die französische Küche gehalten. Von vielen Franzosen wird dies als eine Bereicherung betrachtet, doch manche sehen darin auch eine Bedrohung für die französische Gastronomie und ihren Ruhm.	– nouveautés → question: enrichissement ou menace?

Expressions pour structurer la médiation

- Je vais te présenter l'article «...» qui traite/parle de ...
- L'auteur part de la thèse que / de la question de savoir si (/pourquoi) ...
- Comme argument(s) / contre-arguments, il/elle avance ...
- Il/Elle donne l'exemple (suivant): ...
- L'auteur aborde encore un autre aspect: ...
- Sa conclusion est ...
- Pour finir, il/elle juge que ...

Verbes pour varier la médiation

L'auteur	constate que ... explique que ... ajoute que ... souligne que ... pense que ... est d'avis que ... pose la question de savoir si/comment/pourquoi ... se demande si/comment/pourquoi ...

Évaluation de la présentation – Élèves A et B

1.	J'ai bien / très bien / assez bien Je n'ai pas (bien)	compris ta présentation.
2.	Je trouve qu'elle était Je trouve qu'elle n'était pas	logique. bien structurée. trop / assez / pas assez détaillée.
3.	Tu as parlé Tu n'as pas parlé	distinctement/clairement/lentement. trop vite. pas assez fort.
4.	Et voilà ce qui m'a le plus intéressé: ... (*nomme au moins trois éléments*) Je trouve cela intéressant, parce que ...	

Évaluation de la présentation – Observateur/Observatrice

Tu as utilisé ...   C'est beaucoup / peu / pas assez de ...

Débat: Faut-il fermer la centrale de Tricastin?

> **Thèmes:** Problèmes de société / d'écologie / de région; La région Provence-Alpes-Côte-d'Azur (PACA)
> → *Parcours plus*: Une région: La Provence (1–2), p. 179; L'Homme et l'énergie (1), p. 200

Ziel dieses Moduls ist eine Gruppendiskussion in Form einer simulierten Fernsehdebatte bei *France 3*. Am Beispiel des Kernkraftwerkes Tricastin (Provence) debattieren die S über die Zukunft der *énergie nucléaire* im Allgemeinen und des Kernkraftwerkes Tricastin im Besonderen. Um sich auf die Debatte vorzubereiten, machen sie sich durch die Lektüre eines kurzen Zeitungsartikels und eine Internetrecherche sachkundig. Teilnehmer an der Fernsehdebatte sind der Bürgermeister von Saint-Paul-Trois-Châteaux (einer der Orte, auf dem das AKW steht), eine Vertreterin der lokalen Anti-AKW-Gruppe *Sortir du Nucléaire*, eine Vertreterin der Betreiberfirma *Areva* und ein Mitglied von *Greenpeace France*.

Scénario

A – S'informer

- Der/Die L erläutert den S Ziel und Ablauf des Moduls.

KV 6/1
- Zur Einführung in das Thema lesen die S den (fiktiven) Zeitungsartikel auf der KV 6/1 und beantworten die Fragen zum Text (Aufgabe 1).

  Lösung:
  1. *Saint-Paul-Trois-Châteaux: beaux ronds-points, trois gymnases, centre de loisirs, musée d'archéologie*
     Bollène: augmentation de la population de 100 %, enrichissement des commerçants
  2. *craintes après Fukushima et incidents des dernières années, vétusté de la centrale*

- Anschließend sammeln die S anhand einer *cyber-enquête* mehr Informationen zum Thema (Aufgabe 2). Dies kann entweder im Computerraum der Schule oder zu Hause geschehen. Methodisches Vorgehen: Jede/r S recherchiert zwei der acht Fragen. Danach setzen sich die S in arbeitsteiligen Gruppen zusammen und stellen sich gegenseitig ihre Ergebnisse vor. Zur Überprüfung und Sicherung der Ergebnisse lässt der/die L sie von einer Gruppe auf einer OHP-Folie aufschreiben, die projiziert und ggf. ergänzt werden kann.

  Lösung:
  1. *dans la vallée du Rhône en Provence, dans les départements Drôme et Vaucluse*
  2. *en 1980–1981*
  3. *quatre*
  4. *3600 mégawatts, soit 6 % de la production électrique française*
  5. *fuite d'uranium sur le site et dans les rivières avoisinantes, pollution de la nappe phréatique*
  6. *juin 2012: 19 centrales et 58 réacteurs*
  7. *environ 75 % en France et 17 % en Allemagne (2011)*
  8. *Le réseau «Sortir du nucléaire» est une association qui lutte contre l'énergie nucléaire. Areva est le groupe industriel qui exploite entre autres la centrale du Tricastin.*

B – Préparer le débat

KV 6/2
- Der/Die L verteilt die KV 6/2. Die S verteilen die Rollen gleichmäßig auf die Lerngruppe (Aufgabe 1). Da die Rolle des Moderators anspruchsvoll ist, sollte sie von leistungsstarken S besetzt werden.
- Die S lesen die Pro- und Kontra-Argumente zum Thema Kernkraft in den 14 Sprechblasen, der/die L klärt evtl. unbekanntes Vokabular oder sprachliche Schwierigkeiten. Danach ordnen die S in Einzelarbeit jedem Argument ein Gegenargument zu (Aufgabe 2).

  Lösung:
  A/F – J/M – B/E – H/D – L/C – N/G – K/I

- Nun suchen die S die Argumente heraus, die zu ihrer jeweiligen Rolle passen (Aufgabe 3). Wie in der Aufgabenstellung vermerkt, können sie diese Argumente durch Recherchen präzisieren und weitere Argumente suchen und hinzufügen. Die Moderatoren arbeiten gleichzeitig alle Argumente durch und ordnen sie den einzelnen Rollen zu.

  Lösung (die für die jeweilige Position zentralen Argumente sind fett gedruckt):
  Pierre-Jean Lecanitois: **H**, **L**, A, B, J, K, N
  Véronique Prat: **C**, **F**, **G**, D, E, I, M
  Sylvie Morisco: **A**, **B**, **J**, **K**, **N**, H
  Pascal Drouot: **D**, **E**, **I**, **M**, C, F, G

KV 6/3
- Nun setzen sich die S in arbeitsgleichen Gruppen von „Diskussionsteilnehmern" und Moderatoren zusammen (höchstens vier pro Gruppe), der/die L verteilt die KV 6/3 an die Gruppe der Moderatoren.
- Die Teilnehmer des *débat télévisé* vergleichen ihre Ergebnisse und erstellen eine gemeinsame Liste der Argumente für ihre jeweilige Position (KV 6/2, Aufgabe 4). Der/Die L weist darauf hin, dass die S keine ausformulierten Sätze, sondern nur Stichworte notieren sollen. Währenddessen bereiten sich die Moderatoren auf ihre Rolle vor, indem sie selbstständig die Aufgaben 1 und 2 der KV 6/3 bearbeiten.

KV 6/4
- Der/Die L verteilt die KV 6/4 und arbeitet mit den Debattenteilnehmern zunächst die ersten beiden Kästen (*présenter ses arguments / illustrer ses arguments*) durch (sprachliche Klärung, eventuell Einübung der Redemittel mit Hilfe einer *expression simultanée**). In einer Murmelphase trainieren die S nun simultan halblaut vor sich hinsprechend die variantenreiche Formulierung ihrer Argumente mit Hilfe der gerade erarbeiteten Redemittel (*expression simultanée**).
- Die Moderatoren arbeiten gleichzeitig weiter mit der KV 6/3. Die Einübung der spezifischen Redemittel des *animateur* erfolgt in Eigenregie durch die *expression simultanée*-Übung „Entraînez-vous les uns les autres" (Aufgabe 3). Falls es möglich ist, sollten die S diese Aufgabe in einem anderen Raum bearbeiten.

  Lösungsvorschlag:
  1. *Quelle est votre position par rapport à ceci?* oder *Que pensez-vous de cette idée?*
  2. *Permettez que je vous interrompe.*
  3. *Je voudrais donner encore une fois la parole à …*
  4. *J'ai le plaisir de vous présenter …*
  5. *J'aimerais reprendre votre argument. Qu'est-ce que vous en pensez, (participant D)?*
     oder *(participant A), vous dites que … Quelle est votre position par rapport à ceci, (participant B)?*
  6. *Mais écoutez, (participant A), …*
  7. *Le sujet de notre débat d'aujourd'hui, c'est …*
  8. *Laissez finir Monsieur/Madame X, s'il vous plaît.*

- Danach erarbeitet der/die L die restlichen Kästen der KV 6/4 mit den Diskussionsteilnehmern (sprachliche Klärung, eventuell Durchführung einer *expression simultanée**).

C – S'entraîner à débattre

KV 6/5
- Moderatoren und Teilnehmer setzen sich jetzt in gemischten Gruppen zusammen (je fünf Personen; wenn es zahlenmäßig nicht aufgeht, können in dieser Phase Rollen doppelt besetzt werden). Damit die Kriterien der Evaluation der Debatte von vornherein klar sind und sich die S schon in der Trainingsphase auf sie einstellen können, verteilt und bespricht der/die L an dieser Stelle die KV 6/5. Anschließend spielen die S die Debatte als Rollenspiel.
- Danach finden sie sich wieder in arbeitsgleichen Gruppen zusammen und tauschen sich über ihre Erfahrungen aus. Der/Die L gibt dazu die folgenden Leitfragen vor:

> **Participants:**
> – Quels étaient nos meilleurs arguments?
> – Comment pouvons-nous encore mieux répondre aux arguments des autres?
> – À quels arguments n'avions-nous pas de réponse convaincante?
> **Animateur/Animatrice:**
> – Qu'est-ce qui nous a aidé à bien structurer le débat?
> – Quelles difficultés est-ce que nous avons rencontrées?

D – Débattre

KV 6/5
- Der/Die L bzw. die jeweilige Gruppe bestimmt nun – am besten per Zufallsprinzip – welche S in die Debatte entsandt werden. Bei sehr großen Gruppen können auch zwei S für eine Rolle entsandt werden, wobei eine/r sich hinter seinen/ihren Partner stellt und die Rolle des *souffleur* übernimmt, der z. B. bei Argumentationsnot den Debattierer unterstützt.
- Alle Teilnehmer der Fernsehdebatte erhalten nun entsprechende Namensschilder zu ihrer Rolle (z. B. in Form von Aufklebern).
- Anschließend wird festgelegt, wer wen beobachtet: Jeder Teilnehmer wird von je zwei S beobachtet. Die Beobachter der *participants* teilen sich in zwei Gruppen, so dass eine Hälfte die Evaluation A1 und die andere Hälfte die Evaluation A2 übernimmt.

E – Évaluation

- Nach der Debatte formulieren die S zunächst kurz ihre allgemeinen Eindrücke, sei es als Zuhörer, sei es als Teilnehmer.
- Anschließend füllen die observateurs die KV 6/5 aus und setzen sich mit dem *participant observé* zusammen, um ihm ihre Beobachtungen und Einschätzungen mitzuteilen.
- Nach dieser Evaluationsphase kann es sinnvoll sein, die Debatte mit anderer Besetzung ein zweites Mal durchzuführen.

Débat – S'informer sur le sujet

La Provence – Informations régionales

L'avenir du Tricastin en question!

Dans le village de Saint-Paul-Trois-Châteaux, grâce à la centrale du Tricastin, il y a de beaux ronds-points, ornés de fleurs et de statues, trois gymnases, un centre de loisirs avec spa et hammam, un musée d'archéologie … le tout pour 9.000 habitants. À Bollène, une autre commune voisine, la population a doublé depuis les années 70 et beaucoup se sont enrichis, surtout les commerçants, grâce à la centrale. Mais depuis la catastrophe de Fukushima et les incidents des dernières années, beaucoup de gens ont peur et se demandent si cette centrale, une des plus vieilles de France, ne devrait pas être fermée au plus vite. À cette occasion, France 3 a décidé d'organiser un débat télévisé, ce samedi à 20 heures 30 sur France 3 / Provence-Alpes. «Faut-il fermer la centrale du Tricastin?» Seront présents: le maire de Saint-Paul-Trois-Châteaux, Pierre-Jean Lecanitois (45 ans), Véronique Prat, journaliste et membre du groupe «Sortir du nucléaire» de Bollène (28 ans), Sylvie Morisco, porte-parole du groupe Areva (38 ans) et Pascal Drouot de Greenpeace (67 ans). Le débat sera animé par Julie Gallois.

1. Répondez aux questions suivantes.

1. Quels avantages tirent les communes voisines de l'existence de la centrale?
2. Pourquoi son existence est-elle remise en question par certains?

2. Faites une recherche Internet en utilisant uniquement des sites francophones. Prenez des notes, puis présentez vos résultats aux autres.

1. Où se trouve la centrale du Tricastin? (Imprimez une carte.)
2. Quand a-t-elle été mise en service?
3. Combien de réacteurs comprend-elle?
4. Combien d'énergie produit-elle?
5. Qu'est-ce qui s'y est passé le 8 juillet 2008?
6. Combien de centrales nucléaires et de réacteurs est-ce qu'il y a en France?
7. Quelle est la part du nucléaire dans la production d'électricité en France? (Indiquez un pourcentage.) Comparez avec l'Allemagne.
8. Allez sur les sites du réseau «Sortir du nucléaire» et d'Areva. De quoi s'agit-il?

Préparer le débat – Participants

1. Relisez la fin de l'article sur la KV 6/1 et distribuez les rôles pour le débat télévisé.

2. Lisez les bulles ci-dessous, puis cherchez pour chaque argument son contre-argument.

3. Cherchez dans les bulles les arguments qui conviennent à votre rôle. Vous pouvez les préciser et aussi en ajouter d'autres.

4. Formez des groupes avec ceux qui ont le même rôle que vous et échangez vos arguments.

A Le nucléaire est une «**énergie propre**»: pour une même quantité d'énergie produite, elle rejette seulement 40 g de gaz carbonique contre 1050 g pour le charbon, 750 g pour le pétrole et 550 g pour le gaz. Utiliser le nucléaire, c'est donc réduire l'effet de serre et offrir à la France un ciel bleu.

B L'exportation d'électricité et de technologies nucléaires de pointe est une des principales activités économiques en France. Sans elle, **l'économie française serait très affaiblie**. La valeur ajoutée totale du secteur (directe, indirecte et induite) a atteint 33,5 milliards d'euros en 2009, soit 2 % du PIB.

C **La région souffre.** La centrale enlaidit le paysage. La pollution nucléaire et le réchauffement de l'eau des rivières nuisent à la région. Beaucoup de gens hésitent à acheter son vin et ses produits agricoles. La santé des travailleurs et de la population environnante est en danger (cancer etc.).

D En 2020, le secteur de **l'énergie durable** (énergie solaire, éolienne, hydraulique etc.) emploiera environ 300.000 personnes. En Allemagne, 340.000 y travaillent déjà, contre seulement 75.000 en France.

E La France investit essentiellement dans un secteur énergétique, le nucléaire. D'autres pays, comme par exemple l'Allemagne, investissent dans le domaine des énergies renouvelables. Cela leur garantit, à long terme, le **succès économique**.

F Le nucléaire est une **énergie polluante**: il y a toujours des incidents de rejet de matières radioactives dans la nature, comme p. ex. au Tricastin l'uranium. Et le refroidissement des centrales par l'eau des rivières et de la mer met en danger les écosystèmes fluviaux et marins.

G Les centrales nucléaires ne sont pas protégées contre le **terrorisme, les séismes et les inondations**: le Tricastin fait partie des cinq centrales qui se trouvent dans des zones à risque sismique modéré, cinq autres se trouvent dans des zones à risque d'inondation.

H L'industrie nucléaire crée beaucoup d'**emplois**: 200.000 en France, dont environ 5000 dans la région du Tricastin. Avant l'activité nucléaire, le Tricastin était une région agricole en crise.

I De nouvelles études montrent que l'énergie éolienne n'est pas plus chère que l'énergie nucléaire. Personne ne peut évaluer les **frais** occasionnés par le **démantèlement** des centrales et le **stockage** des déchets nucléaires.

J L'exploitation du nucléaire garantit à la France **l'indépendance énergétique**. Elle ne dépend pas de l'importation de gaz ou de pétrole qui vient souvent de pays en crise (Iran, Ukraine, Azerbaïdjan etc.).

K L'**électricité** produite par le nucléaire est **bon marché**: les Français payent beaucoup moins pour leur électricité que la plupart des Européens. Comparé à d'autres formes d'énergie, le nucléaire est une des sources d'énergie les moins chères.

L Les **communes** autour de la centrale profitent de 14 millions d'euros de **taxe** professionnelle par an. Cela leur permet d'améliorer leur infrastructure (piscines, médiathèques, routes, stades etc.).

M L'exploitation du nucléaire n'est pas une solution à long terme. Les **réserves d'uranium** seront **épuisées** dans 25 à 75 ans. De plus, l'extraction d'uranium est extrêmement dangereuse et polluante.

N Les **centrales** nucléaires sont **sûres**. Elles sont constamment contrôlées et surveillées. Un grave accident comme à Fukushima ou à Tchernobyl est presque impossible. Les rares incidents en France étaient tous sans gravité, on les a vite maîtrisés.

Préparer le débat – Animateurs

1. Lisez l'encadré sur le rôle de l'animateur / de l'animatrice.

> L'animateur/L'animatrice …
> - **donne la parole** aux participants du débat.
> - fait, si nécessaire, la **liste** des orateurs *(dt. die Rednerliste)*.
> - peut **interrompre** les participants, par exemple quand ils se répètent
> - peut **inviter** un autre participant à prendre la parole.
> - peut **confronter des avis contraires** pendant le débat.
> - **termine** le débat et remercie les participants.

2. Préparez le débat à l'aide des questions suivantes. Utilisez le vocabulaire de l'encadré ci-dessous.

1. Préparez le **début** du débat: présentez le sujet et les participants.
2. Formulez une **question d'introduction à chacun(e)** en vous basant sur ses arguments principaux.
3. Déterminez **l'ordre** dans lequel vous allez donner la parole aux participants.
4. Formulez **d'autres questions** (provocantes) pour pouvoir animer le débat.
5. Notez une ou plusieurs **phrases** possibles **pour terminer** le débat.
6. Présentez vos notes de préparation à votre **prof**.

A. Organiser le débat	B. Animer la discussion
– Le sujet de notre débat d'aujourd'hui, c'est … – J'ai le plaisir de vous présenter … – J'aimerais poser une première question à … – À vous maintenant, (participant A) … – Permettez que je vous interrompe … – Laissez finir Monsieur/Madame B, s'il vous plaît.	– (participant A), vous dites que … Quelle est votre position par rapport à ceci, (participant B)? – Que pensez-vous de cette idée, (participant C)? – J'aimerais reprendre votre argument. Qu'est-ce que vous en pensez, (participant D)? – Je voudrais (encore une fois) donner la parole à … – Mais écoutez, (participant A): …

3. Entraînez-vous les uns les autres. Formulez pour les actions suivantes des phrases en français en utilisant les expressions ci-dessus.

Exemple: Sie stellen einem Teilnehmer eine erste Frage. → J'aimerais poser une première question à …

1. Sie fragen einen Teilnehmer nach seiner Meinung zu einer Idee.
2. Sie unterbrechen jemanden.
3. Sie geben jemandem noch einmal das Wort.
4. Sie stellen die Teilnehmer vor.
5. Sie wiederholen, was jemand gesagt hat und fragen einen Anderen nach seiner Meinung.
6. Sie wollen die Aufmerksamkeit eines Teilnehmers wecken.
7. Sie nennen das Thema.
8. Sie sorgen dafür, dass jemand aussprechen kann.

Débat – Expressions utiles

Voici des expressions utiles pour …

… présenter ses arguments

Moi, je pense / je crois que …
À mon avis …
En ce qui me concerne, je trouve que …
D'après moi …
Pour moi, …
Pour ma part, je pense que …
Je suis persuadé(e)/convaincu(e) que …
Il est certain que …
N'oublions pas (non plus) que …

… illustrer ses arguments

Je vais vous donner un exemple: …
Voyez par exemple …
Pensez (aussi) à …
Tout le monde sait que …
Vous ne savez/saviez pas que …?

… demander des précisions

Si je te/vous comprends bien, …
Vous voulez dire que … (?)
Je ne comprends pas pourquoi/ comment …
Pouvez-vous m'expliquer pourquoi/ comment …
Que voulez-vous dire par là?

… exprimer son accord

Je suis tout à fait / absolument d'accord avec …
Moi aussi, je suis pour que (+ *subjonctif*) …
Je suis entièrement de votre avis.
C'est exactement ce que je pense.
Vous avez raison.

… exprimer son désaccord

Je ne suis absolument pas d'accord (avec vous)!
Je ne suis pas d'accord du tout!
Ce n'est pas tout à fait mon avis.
Vous avez raison, mais …
C'est possible, mais …
Ce n'est pas vrai.
C'est faux.

… rendre le débat plus vivant

(Mais) écoutez!
…, vous savez?
Alors / Eh bien, voilà …
Voyons …
Alors, vous savez …
Ah non!
Mais qu'est-ce que vous racontez?
Tenez, …

Évaluation du débat

A1 – Participants

Nom du participant observé: _____

	+ +	+	–	– –
1. Tu as participé activement au débat.				
2. Tu as rendu tes interventions vivantes grâce à ta mimique, ta gestuelle, ta voix.				
3. Tu as introduit tous les arguments nécessaires de manière claire et convaincante.				
4. Tu as su réagir aux contre-arguments de tes adversaires.				
5. Tu as su demander des précisions.				

A2 – Participants

Coche sur la KV 6/4 les expressions utilisées par le participant que tu observes. Après le débat, communique-lui tes résultats.

B – Animateur/Animatrice

Nom de l'animateur / de l'animatrice observé/e: _____

	+ +	+	–	– –
1. Tu as rendu tes interventions vivantes grâce à ta mimique, ta gestuelle, ta voix.				
2. Tu as bien introduit le débat.				
3. Tu as bien réparti les interventions des participants.				
4. Tu as su relancer le débat quand c'était nécessaire.				
5. Tu as bien terminé le débat.				

Analyser et commenter des chansons

> **Thèmes:** Questions existentielles; Les jeunes
> → *Parcours plus*: Mes amis et moi (2), p. 22; La société de consommation (4), p. 62

Gegenstand des Moduls sind zwei Chansons, die auch in Deutschland im Jahre 2010/2011 die Charts erobert haben: „*Je veux*" von Zaz und „*Alors on danse*" von Stromae[1]. Anhand dieser sehr bekannten und eingängigen Chansons lernen die S, in differenzierter Weise über Chansons zu sprechen, sich auszutauschen und zu diskutieren. Dabei werden sowohl die Musik und der Text als auch der Bezug zwischen Musik und Text berücksichtigt. Thematisch sind beide Chansons im Themenfeld *questions existentielles* bzw. *conceptions/ visions de la vie* im Rahmen des Oberthemas *Les jeunes* angesiedelt: Sowohl „*Je veux*" als auch „*Alors on danse*" präsentieren in sehr prägnanter Weise (jugendliche) Lebenseinstellungen, die zur Auseinandersetzung geradezu herausfordern. Als letzter Unterrichtsschritt des Moduls ist ein Vergleich zwischen den beiden Chansons[2] möglich. Das Material ist jedoch so angelegt, dass auch nur eines der beiden Chansons behandelt werden kann, falls die Zeit fehlt, beide Lieder durchzunehmen.

Scénario

I. ZAZ: «JE VEUX»

A – Parlons de la musique

KV 7/1
- Der/Die L erklärt den S Ziel und Ablauf des Moduls und verteilt die KV 7/1.
- Vor dem ersten Hören erarbeitet die Lerngruppe den Teil A der KV 7/1 (*Première impression*): Unbekanntes Vokabular wird eingeführt und die variantenreiche Verwendung der Redemittel z. B. mit Hilfe einer *expression simultanée** trainiert. Günstig ist hierfür eine Projektion der KV per OHP/Beamer.
- Nun hören die S das Chanson zum ersten Mal. Danach formulieren sie ihre Eindrücke zunächst für sich alleine in einer Murmelphase (*Première écoute* / Aufgabe 1). Der/Die L gibt dazu vor, dass S mindestens fünf verschiedene Aspekte nennen sollen. In einem kurzen Unterrichtsgespräch, das günstig als Meldekette gestaltet werden kann, tauschen sie ihre ersten Eindrücke aus.
- Anschließend erarbeitet die Lerngruppe die Teile B (*Le caractère de la musique*) und C (*Comparons nos impressions*), indem sie wie in Teil A verfährt.
- Zur Vorbereitung des Gesprächs über die musikalischen Eindrücke erarbeiten die S nun die zu den Redemitteln passenden Fragen (*Première écoute* / Aufgabe 2, Sicherung durch Tafelbild).

Lösungsvorschlag:
Zu A (erste Zeile): *Quelle est ta première impression de la chanson? / Comment est-ce que tu trouves la chanson / l'air / le rythme ...?*

---

[1] Die Chansons von Zaz und Stromae können im Unterricht als Live-Stream-Videos gezeigt werden. Es empfiehlt sich, dazu im Internet jeweils nach dem „*clip officiel*" der Lieder zu suchen. Das Chanson von Stromae ist außerdem auf der kostenlosen Audio-CD „FrancoMusiques 2010/2011" enthalten. Die CD können Sie über die Website des Cornelsen Verlages bestellen: www.cornelsen.de/francomusiques/ („CD bestellen" anklicken).

[2] Für eine ausführlichere Behandlung des Themas *visions de la vie* empfiehlt sich zusätzlich die Arbeit mit dem Modul 8 der Handreichung „Hörverstehen trainieren" (Cornelsen Verlag, ISBN 978-3-06-520069-1), das das Chanson „*Tout va bien*" (Parisot/Dastrevigne) zum Thema hat. Bei diesem Lied wird ebenfalls ein prägnanter Lebensentwurf thematisiert.

Zu A (zweite Zeile): *Comment est-ce que tu trouves la voix de ...?*
Zu A (dritte Zeile): *À quoi te fait penser la musique?*
Zu B: *Quels sentiments est-ce que la musique évoque chez toi?* oder *Qu'est-ce que tu ressens quand tu écoutes la musique?* oder *Comment pourrait-on décrire la musique, selon toi?*

- Nun hören die S das Chanson ein zweites Mal. Anschließend füllen sie das Polaritätsprofil im Teil B der KV 7/1 aus (*Deuxième écoute* / Aufgabe 1). Bei Bedarf kann das Lied auch ein weiteres Mal gehört werden.
- Dann sprechen sie mit mehreren Partnern über ihre musikalischen Eindrücke (*Deuxième écoute*, Aufgabe 2). Geeignete Methoden sind hier der Omniumkontakt* und seine Variante *carrousel**. Die KV 7/1 (OHP) und der auf der Tafel festgehaltene Frageapparat sollten während der Arbeit zunächst sichtbar bleiben, dann aber nach und nach abgedeckt werden, so dass die S das letzte Gespräch ohne Unterstützung durch die Arbeitsmaterialien führen.
- Als abschließende Sicherung erstellen die S ein Polaritätsprofil der (unterschiedlichen) musikalischen Eindrücke der Lerngruppe. Dazu fragt der/die L (oder auch ein/e S) die Einschätzungen der S bzgl. der sechs Adjektivpaare ab und trägt die entsprechenden Zahlen in die Tabelle der KV 7/1 am OHP ein.

B – Analyser les paroles

KV 7/2

- Der/Die L verteilt die KV 7/2 und die S lesen (mit oder ohne musikalische Begleitung) den Text des Chanson. Den S unbekannte Lexeme oder Ausdrücke werden geklärt.
- Zur Sicherung eines präzisen Textverständnisses klärt die Lerngruppe zunächst die Bedeutung einiger sprachlich schwieriger Zeilen (Aufgabe 1).
  Lösungsvorschlag:
  Zeile 1: Ich will keine. – Zeile 3: Was soll ich damit (anfangen)? – Zeile 8: Es ist nicht euer Geld, das mich glücklich macht. – Zeile 10: Lasst uns zusammen meine Freiheit entdecken. – Zeile 13: Von euren guten Manieren habe ich die Nase voll.
- Nun bearbeiten die S zunächst in schriftlicher Stillarbeit (nur Notizen, keine ganzen Sätze!), dann am besten in einem R-E-P-Verfahren* nacheinander die Aufgaben 2 und 3. Die zentralen Ergebnisse werden sukzessive und stichwortartig in einem Tafelbild gesichert (s. Vorschlag unten). Falls bestimmte Elemente von den S nicht (sinngemäß) erarbeitet/genannt werden, erfragt der/die L diese gezielt mit Verweis auf die entsprechenden Textzeilen.
  Lösungsvorschlag zur Textanalyse von „Je veux" (Tafelbild):
  Die kursiv und in Klammern gesetzten Analyseergebnisse stellen mögliche Alternativen bzw. Ergänzungen dar. S kopieren das Tafelbild in ihr Heft, um es später zum Vergleich der beiden Chansons verwenden zu können.

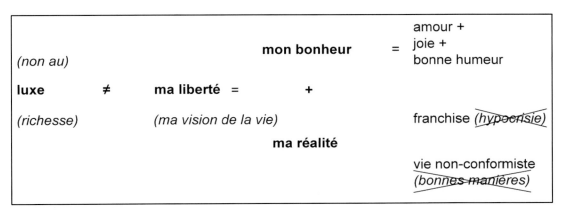

- Abschließend bearbeitet die Lerngruppe die Aufgabe 4 und resümiert/pointiert so zentrale *messages* des Textes.

  Lösungsbeispiele:

  Renoncez au luxe. / Vivez votre vie. / Soyez comme vous êtes. / Profitez de la vie. / Soyez francs. / Évitez les hypocrites. / Comportez-vous comme vous le sentez. / Oubliez tous les clichés.

- Die *conseils* (s. Lösung der Aufgabe 4) können nun nach Korrektur durch den/die L in großer Schrift auf Papierstreifen oder DIN-A4-Blätter geschrieben werden, die mit Hilfe von Magneten an der Tafel angebracht werden. Einige S kommen nach vorne und sortieren die verschiedenen Ratschläge nach inhaltlichen Kriterien (ähnliche Ratschläge sortieren sie nebeneinander, unterschiedliche weiter voneinander entfernt). Das Ergebnis sichern die S in ihren Heften/Unterlagen oder als Foto.

C – Parlons des paroles

KV 7/3
- Der/Die L verteilt die KV 7/3 und die Lerngruppe erarbeitet zunächst Teil A (*Je dis ce que je pense*): Unbekannte Vokabeln werden geklärt, die variantenreiche Anwendung der Redemittel z. B. mit der Hilfe einer *expression simultanée*[*] geklärt. Dabei empfiehlt es sich, die Verwendung der unterschiedlichen *modèles de phrases* an einem Beispiel zu erproben, am besten in Form einer gezielten *expression simultanée*[*].

  Lösungsvorschlag:

  Je pense comme X: L'amour est très important (dans la vie).

  *Je suis d'accord avec l'idée que **l'amour est très important (dans la vie)**.*

  *Moi aussi, je suis d'avis / convaincu(e) que **l'amour est très important (dans la vie)**.*

  *Je trouve bien l'idée / la conviction / le souhait que **l'amour est/soit très important (dans la vie)**.*

  *Je crois que **l'amour** est **très important** pour une vie réussie.*

  *J'imagine ma vie comme X: **une vie où l'amour est très important / a beaucoup d'importance**.*

- In einem R-E-P-Verfahren[*] tauschen sich die S nun über ihre persönliche Einschätzung des Textes von „*Je veux*" aus. Hierbei sollten sie – auf der Basis der Textanalyse (Tafelbild aus *B. Analyser les paroles*) – auf mindestens vier unterschiedliche Aspekte eingehen. Im Plenum (*Partager*-Phase) kann der Austausch wieder günstig durch eine Meldekette gestaltet werden.

- Anschließend erarbeitet die Lerngruppe die Redemittel unter Teil B (*Je mets la musique en rapport avec les paroles.*), indem sie wie in Teil A verfährt. Dazu legen sie neben der KV 7/3 auch die KV 7/1 auf den Tisch, denn diese enthält in Teil B die für den Vergleich von Musik und Text benötigten Adjektive (Beispiel: *Pour moi, l'air de la chanson va très bien avec les paroles parce que l'air est gai et entraînant, (tout) comme les paroles.*).

- Dann wird das Chanson ein letztes Mal gehört und mitgelesen.

- Der folgende Austausch über den Vergleich zwischen *musique et paroles* kann wieder in Partnerarbeit mit anschließender Meldekette, aber auch in einem kurzen Omniumkontakt[*] erfolgen.

II. STROMAE: «ALORS ON DANSE»

Die Erarbeitung des zweiten Chansons erfolgt mit den KV 7/1 (*Parlons de la musique*) und KV 7/3 (*Parlons des paroles*) wie bei „*Je veux*". Wenn beide Lieder behandelt werden, kann die Erarbeitung und das Training der sprachlichen Mittel an dieser Stelle natürlich entfallen. Der Einstieg in die Arbeit mit dem Chanson von Stromae kann jedoch etwas anders als bei Zaz gestaltet werden. Es bietet sich an, hier das erste Hören mit einer Aufgabe zum Globalverstehen zu begleiten. Der/Die L gibt dazu folgenden Impuls: *D'après ce que vous avez compris, de quoi parle la chanson?* Im Folgenden wird daher nur der zweite Teil der Arbeit mit „*Alors on danse*", d.h. die Textanalyse, erläutert.

A – Parlons de la musique

Dieser Teil entfällt an dieser Stelle, wenn beide Lieder im Unterricht behandelt werden.

B – Analyser les paroles

KV 7/4
- Der/Die L verteilt die KV 7/4 und die S lesen (mit oder ohne musikalische Begleitung) den Text des Chansons. Den S unbekannte Lexeme oder Ausdrücke werden geklärt.
- Anschließend bearbeiten die S die Aufgabe 2. Die Lösungen notiert der/die L gemeinsam mit den S auf Folie am OHP.

    Lösungsbeispiel:

lignes	domaines de la vie	notions attribuées à ces domaines
2	les études	le travail
3	le travail	l'argent
4–7	l'argent	les dépenses la créance / la dette l'huissier les difficultés (être assis dans la merde)
8–9	l'amour	les enfants (les gosses) le divorce
10	la famille (les proches)	le deuil (beaucoup de) problèmes
11	le monde	la crise la famine le tiers-monde

- Nun bearbeiten die S zunächst in schriftlicher Stillarbeit nacheinander die Aufgaben 3–5 (sie machen dabei nur Notizen und formulieren keine ganzen Sätze). Es empfiehlt sich hier, die Bearbeitung der Aufgaben mit einem R-E-P-Verfahren* abzuschließen. Die zentralen Ergebnisse werden sukzessiv und stichwortartig in einem Tafelbild gesichert, das wie unten abgebildet aussehen kann. Falls bestimmte Elemente von den S nicht (sinngemäß) erarbeitet/genannt werden, erfragt der/die L diese gezielt mit Verweis auf die entsprechenden Textzeilen.

    Lösungsvorschläge (Aufgaben 3–5):
    3. *Vision du monde du «moi»: Il n'y a rien de positif dans la vie, la vie n'est qu'une somme de problèmes, tout finit par être négatif.*
    4. *Propositions/Alternatives: sortir (pour oublier), chanter, danser.*
    5. *Non, ce n'est pas une solution, car le «moi» se sent mal: Ça lui «prend les tripes et la tête», la musique est trop forte, les problèmes sont toujours là.*

    Resümee der Lösung als Tafelbild:
    Die kursiv und in Klammern gesetzten Analyseergebnisse stellen mögliche Alternativen bzw. Ergänzungen dar. S kopieren das Tafelbild in ihr Heft, um es später zum Vergleich der beiden Chansons verwenden zu können.

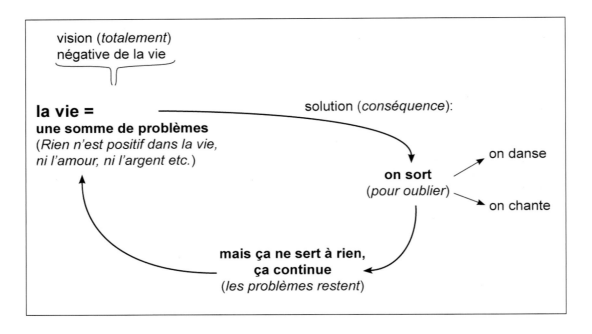

III. VERGLEICH DER BEIDEN CHANSONS

Nach der ausführlichen Arbeit mit den beiden Chansons sollte ein möglicher Vergleich recht knapp gehalten werden. Die für die S interessanteste und auch fachdidaktisch relevanteste Frage ist, welche der beiden Lebenseinstellungen der eigenen Sicht der Dinge eher entspricht bzw. welche Aspekte der so unterschiedlichen *visions de la vie* für sie selbst bedeutsam sind und warum dies so ist. Der/Die L gibt dazu die Impulse: *Quelle vision de la vie préférez-vous, celle de Zaz ou celle de Stromae? Pourquoi? / Quels aspects des visions de la vie de Zaz et de Stromae correspondent à ta conception de la vie?* Dabei ist es durchaus denkbar, dass die S nicht zu einem eindeutigen Urteil kommen, sondern in beiden Chansons Elemente sehen, die sie für sich und ihre Zukunft für wichtig halten. Die zur Formulierung ihrer Gedanken erforderlichen Redemittel finden die S im ersten Teil der KV 7/3. Methodisch kann der Vergleich als offenes, von dem/der L oder einem/einer S moderiertes Plenumsgespräch gestaltet werden, aber auch ein Austausch in Vierergruppen ist denkbar. Während des Gesprächs sollten die S beide Liedtexte sowie die aus der jeweiligen Analyse resümierenden Tafelbilder vorliegen haben.

Parlons de la musique

A – Première impression

Alors moi, Moi, Eh bien moi,	j'adore (vraiment) j'aime (bien, beaucoup) je n'aime pas (trop / du tout)		l'accompagnement. l'air de la chanson. le rythme. le style de la chanson. le refrain. le solo de + INSTRUMENT. la voix de la chanteuse / du chanteur.
Je trouve	la voix de la chanteuse / du chanteur	très assez un peu pas (très)	belle. dure douce. claire. agréable. sonore.
La musique La chanson	me fait penser	à une fête à un amour malheureux à l'été à une histoire triste	: … parce que … car …

B – Le caractère de la musique

Pour moi,	la musique la chanson	(n') est (pas)	vraiment très assez plutôt un peu pas très pas du tout	gaie (/triste) entraînante (/calme) rapide (/lente) émouvante (/ennuyeuse) agressive (/douce/romantique) dynamique (/monotone) et …

C – Comparons nos impressions

d'accord	pas d'accord
Moi, c'est pareil (: …). Je suis (tout à fait) d'accord avec toi (: …). Je pense comme toi (: …). J'ai la même impression que toi (: …).	Pas moi (: …). Je ne suis pas (vraiment / du tout) d'accord avec toi (: …). Je n'ai pas (vraiment / du tout) la même impression que toi (: …).

PREMIÈRE ÉCOUTE

1. Quelles sont tes premières impressions de la chanson? Fais des phrases à l'aide des expressions sur la KV 7/1a.

2. Comment ton/ta partenaire trouve-t-il/elle la chanson? Formule une question pour chaque phrase.

Exemples: Quelle est ta première impression de la chanson? Comment est-ce que tu trouves le style de la chanson? …

_____

_____

_____

_____

_____

DEUXIÈME ÉCOUTE

1. Que penses-tu de la musique? Donne ton opinion à l'aide du tableau suivant.

	+++	++	+	−	− −	− − −	
			la musique / la chanson				
gaie							triste, mélancolique
entraînante							calme
rapide							lente
émouvante							ennuyeuse
agressive							douce, romantique
dynamique							monotone

2. Que pensez-vous de la chanson? Discutez. Utilisez aussi vos questions de la première écoute.

Module 7 · Analyser et commenter des chansons

Débat – S'informer sur le sujet

Zaz: Je veux (2010)

Donnez-moi *une suite*¹ au *Ritz*², je n'en veux pas,
Des bijoux *de chez*³ Chanel, je n'en veux pas.
Donnez-moi *une limousine*, j'en ferais quoi?
Offrez-moi du personnel, j'en ferais quoi?
5 *Un manoir*⁴ *à Neuchâtel*⁵, ce n'est pas pour moi.
Offrez-moi la tour Eiffel, j'en ferais quoi?

Refrain:
Je veux de l'amour, de la joie, de *la bonne humeur*⁶,
Ce n'est pas votre argent qui fera mon bonheur.
Moi, je veux *crever*⁷ la main sur le cœur⁸.
10 Allons ensemble découvrir ma liberté,
Oubliez donc tous vos *clichés*.
*Bienvenue*⁹ dans ma réalité!

*J'en ai marre*¹⁰ *de vos bonnes manières*, c'est trop pour moi.
Moi, je mange avec les mains et je suis comme ça.
15 Je parle fort et je suis *franche*¹¹, excusez-moi.
Finie *l'hypocrisie*¹², moi, *je me casse de là*¹³.
J'en ai marre *des langues de bois*¹⁴, regardez-moi.
*D'toute manière*¹⁵, *je vous en veux pas*¹⁶ et je suis comme ça,
Je suis comme ça.

1 la suite die Hotelsuite – **2 Ritz** = hôtel de luxe à Paris – **3 de chez** = de la marque – **4 le manoir** = petit château – **5 Neuchâtel** = ville riche en Suisse – **6 la bonne humeur** die gute Laune – **7 crever** = mourir – **8 la main sur le cœur** *etwa:* mit gutem Gewissen – **9 bienvenue** willkommen – **10 j'en ai marre** = j'en ai assez – **11 franc/franche** *adj.* offen, ehrlich – **12 l'hypocrisie** *f.* die Heuchelei – **13 je me casse de là** *etwa:* ich hau davor ab – **14 la langue de bois** leere Worte, die Phrasendrescherei – **15 de toute manière** jedenfalls – **16 en vouloir à qn** jdm böse sein

1. Traduisez les expressions et les lignes soulignées.

2. Relisez les lignes 1–6 et dégagez tout ce que le «moi» de la chanson ne veut pas.

3. Dans le refrain, le «moi» de la chanson invite son public à entrer dans sa «réalité». Comment est-ce que ce «moi» décrit et/ou définit cette réalité?

4. Quels conseils pour une vie réussie la chanteuse donne-t-elle aux auditeurs? Formulez vos réponses sous forme d'impératifs.

Exemple: *Renoncez au luxe. …*

Module 7 · Analyser et commenter des chansons

Parlons des paroles

A – Je dis ce que je pense

Alors moi, Moi, Eh bien moi,	j'adore (vraiment) j'aime (bien, beaucoup) je n'aime pas (trop / du tout)	l'expression «…» la ligne X / les lignes X à Y le 1er/2e couplet le refrain le sujet de la chanson le message de la chanson la vision de la vie de …	: … parce que … car …
	l'expression «…» la ligne / les lignes X (à Y) le 1er/2e couplet	(ne) me plaît/plaisent (pas/beaucoup)	

Modèles des phrases

Je pense comme X : …
Je suis d'accord avec l'idée que …
Je trouve bien l'idée / la conviction / le souhait que …
Je crois que … (n') est pas important(e) pour une vie réussie.

Moi aussi, je suis d'avis / convaincu(e) que …
J'imagine ma vie comme X : …

B – Je mets la musique en rapport avec les paroles

Je trouve que À mon avis, Pour moi,	l'atmosphère de la musique la voix de/d' … l'air de la chanson / du refrain le rythme l'accompagnement le style de la chanson … / …	(ne) va (pas)	très bien bien assez bien	avec	l'atmosphère du texte le refrain le sujet de la chanson le message de la chanson la vision de la vie de … / …	: … parce que … car …

C – Comparons nos impressions

d'accord	pas d'accord
Moi, c'est pareil (: …). Je suis (tout à fait) d'accord avec toi (: …). Je pense comme toi (: …). J'ai la même impression que toi (: …).	Pas moi (: …). Je ne suis pas (vraiment / du tout) d'accord avec toi (: …). Je n'ai pas (vraiment / du tout) la même impression que toi (: …).

Débat – S'informer sur le sujet

Stromae: Alors on danse (2010)

Refrain: Alors on danse (x3)

Qui dit études dit travail,
Qui dit taf[1] te dit les thunes[2],
Qui dit argent dit dépenses,
5 Qui dit crédit dit créance[3],
Qui dit dette te dit huissier[4],
Oui dit «assis dans la merde».
Qui dit amour dit les gosses[5],
Dit toujours et dit divorce.
10 Qui dit proches[6] te dit deuils[7] car les problèmes ne viennent pas seuls.
Qui dit crise te dit monde dit famine[8] et dit tiers-monde.
Qui dit fatigue dit réveil, encore sourd[9] de la veille.
Alors on sort pour oublier tous les problèmes.

Refrain: Alors on danse (x9)

15 Et là tu t'dis que c'est fini car pire que ça ce serait la mort.
Quand tu crois enfin que tu t'en sors[10], quand y en a[11] plus et ben y en a encore!
Est-ce la zique[12] ou les problèmes, les problèmes ou bien la musique …
Ça te prend les tripes[13], ça te prend la tête[14] et puis tu pries pour que ça s'arrête.
Mais c'est ton corps, c'est pas le ciel, alors tu te bouches plus les oreilles[15].
20 Et là, tu cries encore plus[16] fort et ça persiste[17].

Refrain: Alors on chante
Lalalalalala (x2)
Alors on chante (x2)
Et puis seulement quand c'est fini, alors on danse.
25 Alors on danse (x7)
Et ben y en a encore (x5)

1 le taf *fam.* = le travail – **2 la thune** *fam.* = l'argent – **3 la créance** die Geldforderung – **4 l'huissier** *m.* der Gerichtsvollzieher – **5 le gosse** *fam.* = l'enfant – **6 les proches** Personen, die einem nahe stehen – **7 le deuil** die Trauer – **8 la famine** die Hungersnot – **9 sourd/e** *adj.* taub – **10 s'en sortir** es schaffen – **11 y en a** = il y en a – **12 la zique** *fam.* = la musique – **13 prendre les tripes à qn** *fam.* jdm an die Nieren gehen – **14 prendre la tête à qn** *fam.* verrückt machen – **15 se boucher les oreilles** sich die Ohren zuhalten – **16 plus** [plys] mehr – **17 persister** andauern

Module 7 · Analyser et commenter des chansons

Sujets d'étude

1. Écoutez la chanson encore une fois en lisant le texte et les annotations.

2. De quels domaines de la vie la chanson parle-t-elle? Quelles notions sont attribuées à ces domaines? Lisez attentivement les lignes 2 à 10 et complétez le tableau suivant.

ligne(s)	domaines de la vie	notions attribuées à ces domaines
2	*les études*	
3		
4–7		
8–9		
10		
11		

3. Décrivez, sur la base du tableau de l'exercice 2, la vision de la vie du «moi» de la chanson.

4. Que propose le «moi» de la chanson face à ce sentiment, à cette vision?
   Relisez les lignes 12–13 et lignes 21–29.

5. À votre avis, est-ce que la proposition du «moi» est une solution? Pourquoi (pas)?
   Relisez les lignes 14–20.

Glossar

Im Folgenden finden Sie kurze Erläuterungen der in dieser Handreichung angesprochenen Methoden zum Training der Mündlichkeit. Für allgemeine Hinweise zur *expression orale* in der Oberstufe s. *Parcours plus*, S. 237–239.

L'expression simultanée

Unter *expression simultanée* versteht man aktive Mikro-Brainstormingphasen (zwischen wenigen Sekunden und einer Minute lang), während derer alle S individuell und simultan halblaut sprechend an einer sprachlichen Aufgabe arbeiten. Von besonderem Nutzen ist die *expression simultanée* für die Erarbeitung und das Training von Redemittelübersichten oder Sprechschemata wie z.B. in *Module 3*, KV 3/1 (S. 19).

Vorgehen
- Nach Einführung neuer Redemittel und einer kurzen Phase des Chorsprechens gibt der/die L passende, in der Muttersprache formulierte Impulse[1] zu diesen Redemitteln, wie z.B. „Auf dem Foto ist rechts der Eiffelturm."
- Die S suchen nun im Sprechschema geeignete Formulierungen und murmeln sie halblaut vor sich hin, z.B. *„Sur la droite, on découvre / on voit / il y a la Tour Eiffel."* Wie im Beispiel deutlich wird, sind dabei oft mehrere Lösungen möglich.
- Richtige Lösungen können anschließend genannt und zu Trainingszwecken im Chor wiederholt werden.

Der Einsatz der *expression simultanée* ist auch bei komplexeren Monologen sinnvoll. So macht es z.B. Sinn, eine längere *prise de position* als Übung vorab in einer Murmelphase individuell zu trainieren (vgl. *Module 1*, *Scénario*, Teil A, S. 4). Bei solchen längeren *expression simultanée*-Phasen ist es für viele S angenehm, wenn sie sich im Raum bewegen können. Simultanes Sprechen ist natürlich auch in Partnerarbeitsphasen sinnvoll: Bei der **conversation simultanée** trainieren die S Dialoge zu zweit, wobei alle S gleichzeitig mit ihrem Tischnachbarn sprechen.

L'enrichissement (= Anreicherung)

Das Ziel des *enrichissement* ist es, eine bestimmte Sprechaufgabe in mehreren Etappen zunehmend variantenreich zu lösen. Der Einsatz dieser Methode verhindert, dass die S bei der Arbeit mit komplexen Redemittelübersichten nur wenige Redewendungen wiederholt verwenden.

Vorgehen
- Zwei S bereiten jeweils einen Sprechtext vor, z.B. eine *prise de position*. Dabei versuchen sie, eine bestimmte Mindestanzahl von Ausdrücken aus einer vorgegebenen Liste von Redemitteln zu verwenden (z.B. sechs Elemente).
- Sie proben den Sprechtext zunächst alleine leise vor sich hin murmelnd (vgl. oben: *expression simultanée*) und tragen ihn dann ihrem Partner vor. Der/Die Partner/in kreuzt auf der Liste diejenigen Ausdrücke an, die der/die Vortragende tatsächlich verwendet hat.[2]

---

[1] Weitere Beispiele für umformulierte Impulse findet der Leser / die Leserin in der schülergeleiteten *expression simultanée* auf der KV 6/4 („Entraînez-vous les uns les autres"), S. 56.
[2] Ein Beispiel für eine solche „Ankreuzliste" findet der Leser / die Leserin auf der KV 1/1 (S. 6).

- Danach gibt er/sie ihm/ihr eine Rückmeldung über den sprachlichen Ertrag der Übung: *„Tu as utilisé les expressions suivantes: ..."*. Gemeinsam wird dann geprüft, ob die Zielvorgabe erreicht ist. Dann wechseln S die Rollen.
- Anschließend werden neue Paare gebildet, die die Übung noch einmal mit erhöhter Zielvorgabe wiederholen (z. B. Verwendung von neun Elementen).

Das *enrichissement* kann auch zeitökonomisch in Einzelarbeit genutzt werden: Die S sprechen ihren Text halblaut vor sich hin und markieren gleichzeitig eigenständig in der Redemittelliste die Formulierungen, die sie verwendet haben. Auch bei dialogischen Sprechaufgaben kann die Methode eingesetzt werden: Aus dem Tandem wird dann eine Vierergruppe, zwei S sprechen, die beiden anderen beobachten jeweils einen Sprecher und geben ihm Feedback.

Der Omniumkontakt und seine Varianten

Die Methode eröffnet den S die Möglichkeit, sich nicht nur mit den Sitznachbarn, sondern mit ganz unterschiedlichen Gesprächspartnern aus der Lerngruppe zu unterhalten. Sie kann bei allen dialogischen Aufgabenstellungen eingesetzt werden.

Vorgehen

Alle S stehen auf, schieben die Stühle unter die Tische und suchen sich im Raum einen Gesprächspartner. Auf ein bestimmtes Zeichen des/der L hin (Glocke, Klatschen ...) wechseln alle S zwei- bis dreimal den Gesprächspartner.

Varianten

- Beim *carrousel* (auch: „Kugellager") laufen die S nicht im Raum herum, sondern stehen sich in einem großen oder mehreren kleinen Doppelkreisen gegenüber. Auf das Zeichen des/der Unterrichtenden hin rücken die S des äußeren Kreises einen Platz weiter.
- Bei der *conversation promenade* trainieren die S die natürliche Situation des Sprechens im Gehen. Im Flur oder auch auf dem Schulhof gehen sie paarweise und über ein vorgegebenes Thema sprechend um einen vorher bestimmten Punkt (Stuhl, Baum ...) herum und wieder zurück. Wieder am Ausgangspunkt angekommen, teilt ihnen der/die L einen neuen Partner zu.

Réfléchir – Échanger – Partager / Le «R-E-P» (= Think-Pair-Share-Verfahren)

Das R-E-P-Verfahren (frz. Begriff geprägt von Ulrike Lange) gibt den S Zeit zum Nachdenken, zur Formulierung ihrer Ansichten und zum Abgleich ihrer Meinung mit der anderer S. Schwächere oder langsamere S werden nicht überfordert, alle arbeiten mit und schalten nicht ab – wie so oft beim „klassischen" Unterrichtsgespräch. *Le R-E-P* ist eine universell einsetzbare und unkomplizierte Methode, die die Quantität und Qualität der Unterrichtsbeteiligung maßgeblich verbessert und die S in hohem Maße in Interaktion bringt. Besonders empfehlenswert ist der konsequente Einsatz der Methode im Kontext von Unterrichtsgesprächen.

Vorgehen

- In der *Réfléchir*-Phase denken die einzelnen S eine kurze Zeit (oft reichen wenige Sekunden) still über eine Fragestellung nach und/oder murmeln die Antwort vor sich hin.
- In der *Échanger*-Phase tauschen sie sich mit dem Arbeitspartner über die Ergebnisse ihres Nachdenkens aus: Nachdem jede/r ihre/seine Gedanken vorgestellt hat, versuchen die Arbeitspartner ihre Ideen zu einer gemeinsamen Antwort zusammenzuschließen.
- In der *Partager*-Phase im Plenum sind nun alle S in der Lage, aktiv und kompetent am Unterrichtsgespräch teilzunehmen.

Bei komplexen Aufgabenstellungen kann es nötig sein, dass sich die S in den beiden ersten Phasen Notizen anfertigen. Dabei sollte der/die L jedoch darauf achten, dass die S keine ganzen Sätze vorformulieren, sondern mit Stichworten arbeiten.

Der „Kniff mit dem Knick"

Der „Kniff mit dem Knick" (Otto-Michael Blume) ist ein (genehmigter) Spickzettel, den die S bei komplexeren Präsentationen nutzen können.

Vorgehen

- Ein DIN-A4-Blatt wird im Querformat auf den Tisch gelegt. Rechts wird ein Drittel nach hinten umgeknickt.
- Auf der linken Seite formulieren S ihren Vortragstext aus. Anschließend unterstreichen sie in ihrem Text die wichtigsten Stichwörter. Die Stichwörter (ggf. umformuliert) notieren S auf der umgeknickten Stichwortspalte.
- Für den Vortrag verwenden S das Blatt so, dass nur die Stichworte sichtbar sind. Der Vortrag sollte dann möglichst frei erfolgen, wenn nötig mit Blick auf die Stichworte. Falls der/die S den Faden verliert, kann er/sie das Blatt aufklappen und in der ausführlichen Version nachlesen, wie es weitergeht.

Das Vokabelprotokoll

Das Vokabelprotokoll sichert zeitökonomisch das wesentliche im Unterricht erarbeitete Vokabel- und Strukturrepertoire: Das aufwändige Mit- und Abschreiben von Vokabeln entfällt und ein für alle verbindlicher Lern- und Wissensstand wird dokumentiert.

Vorgehen

- Ein Schüler / Eine Schülerin bekommt die Aufgabe, das wichtigste Vokabular protokollierend auf ein Blatt zu schreiben. Hat er/sie mit den Vokabeln ein DIN-A4-Blatt gefüllt, übernimmt ein/e andere/r das Protokoll.
- Das Blatt wird dem Lehrer / der Lehrerin abgegeben, der/die eine überarbeitete Reinfassung zur Vervielfältigung erstellt. Sinnvoll ist hierbei eine interne Gliederung (Zwischenüberschriften), die den unterrichtlichen Zusammenhang spiegelt. Die Erstellung der Reinfassung kann zunehmend von den Lernenden selbst übernommen werden, wobei eine Endkorrektur durch den/die Unterrichtende/n jedoch immer nötig bleibt. Das Vokabelprotokoll muss nicht unbedingt fotokopiert werden, sondern kann auch per E-Mail an die Schüler und Schülerinnen geschickt werden.
- Die durchnummerierten Blätter werden von den Lernenden in einer Kladde oder in einem Ordner gesammelt, gelernt und – auch in der Sekundarstufe II – durch regelmäßige Vokabeltests überprüft.
- Die Lerngruppe kann ihre Vokabelsammlung als Hilfe bei der Textproduktion, für Wortfeldarbeit und zur Vorbereitung von Klausuren und Abiturprüfung nutzen.

Mündlichkeit
Sprechen trainieren im Französischunterricht der Sekundarstufe II

Im Auftrag des Verlages erarbeitet von
Marie-Cécile Duclercq und Peter Winz

und der Redaktion Fremdsprachen in der Schule
Julia Goltz (Projektleitung), Dorothee Flach

Bildredaktion: Brigitte Bandorf, Christiane Ulrich
Illustrationen: Laurent Lalo
Layout und technische Umsetzung: graphitecture book, Rosenheim
Umschlaggestaltung: werkstatt für gebrauchsgrafik, Berlin

Bildquellen: © Cornelsen / Peter Winz: S. 23 (oben) – © iStockphoto / Floriano Rescigno: S. 21 (oben); Ekaterina Krasnikova: S. 21 (unten); Pavel Losevsky: S. 22 (unten) – © panthermedia / Erich Teister: S. 20 (oben) © Corbis/Andres Pantoja/Demotix: S. 20 (unten) – © Getty Images / AFP / Boris Horvat: S. 22 (oben); Chad Ehlers: S. 23 (unten); Ghislain & Marie David de Lossy: S. 42; Travel Ink: S. 52; Stefan M. Prager: S. 65; Pascal Le Segretain: S. 67 – © mauritius images / ib / Helmut Corneli: S. 34; ib/rnu: S. 40
Texte: © 2010 Sony / ATV Music Publishing / Play On 911 / Droits Réservés, S. 65 – © Alors On Danse. Musik & Text: Paul van Haver. Verlegt bei Because Editions/Freibank Musikverlage; S. 67 – © Bayard Presse – D'après: Okapi, 15 janvier 2007, p. 14–16, S. 7 (unten); Okapi, 1er novembre 2001, p. 11, S. 8 (oben); Phosphore, juin 2007, p. 10, S. 8 (unten); Okapi, 1er septembre 2006, p. 32, S. 9 (unten); Phosphore, juin 2008, p. 8–12, S. 9 (oben)

www.cornelsen.de

Die Links zu externen Webseiten Dritter, die in diesem Lehrwerk angegeben sind,
wurden vor Drucklegung sorgfältig auf ihre Aktualität geprüft. Der Verlag übernimmt
keine Gewähr für die Aktualität und den Inhalt dieser Seiten oder solcher, die mit ihnen
verlinkt sind.

1. Auflage, 1. Druck 2012

Alle Drucke dieser Auflage sind inhaltlich unverändert
und können im Unterricht nebeneinander verwendet werden.

© 2012 Cornelsen Schulverlag GmbH, Berlin

Das Werk und seine Teile sind urheberrechtlich geschützt.
Jede Nutzung in anderen als den gesetzlich zugelassenen Fällen bedarf
der vorherigen schriftlichen Einwilligung des Verlages.
Hinweis zu den §§ 46, 52a UrhG: Weder das Werk noch seine Teile dürfen ohne eine
solche Einwilligung eingescannt und in ein Netzwerk eingestellt oder sonst öffentlich
zugänglich gemacht werden.
Dies gilt auch für Intranets von Schulen und sonstigen Bildungseinrichtungen.

Druck: H. Heenemann, Berlin

ISBN 978-3-06-021412-9

 Inhalt gedruckt auf säurefreiem Papier aus nachhaltiger Forstwirtschaft.